別把你的錢留到死

懂得花錢，是最好的投資
——理想人生的 9 大財務思維

Die with Zero

比爾 · 柏金斯（Bill Perkins） 著

推薦序 1

利用金錢、享受人生

——綠角／財經作家

假如你問：「怎樣才是一個令人滿足、快樂的人生？」許多人的回答會是：「擁有許多美好的經驗、與家人共享快樂時光，完成自己想做的事。」

而如何達成這些目標呢？大家的共識是：賺錢。

有了更多錢之後，就可以度過美好假期，有時間陪伴家人，做自己想做的事。於是，大家努力賺錢，用心賺錢，把所有可用的時間，都拿來賺錢。

即使已經達到當初設下的金額目標，我們往往會想：「再多一些錢就好。」享受美好時光、陪伴家人、做自己想做的事呢？繼續延後。

不斷延後真正想做的事，直到發現，時間無情流逝，自己的身體狀況已經不可能去長途旅行、滑雪爬山，做那些年輕時自己很享受的事。孩子也已經長大成人，而他的童年，根本沒有多少你的影子。或者在被診斷出重大疾病後，發現已經沒有「以後」了。

於是你的人生變成是不斷累積金錢的過程，而不是享受生活、累積美好經驗。

《別把你的錢留到死》是一本振聾發聵的書，大聲疾呼：一個人的生命有限，而享受美好人生體驗的窗口，不會永遠開啟。

這本書不是要求讀者任性地享樂，而是提醒大家平衡的重要。我們賺錢是為了更好的人生。賺了錢要懂得利用它、享受它帶來的好處，而不是整個人生都用來累積金錢。

很多人落入無止盡追求金錢這個陷阱，有兩個原因。一是害怕。怕自己未來錢不夠用。二是慣性。大家都這樣持續努力賺錢，我過去也是這樣，就這樣繼續下去吧。

打破慣性的方法，是刻意思考。你需要一個鬧鐘，一個提醒自己生命有終點的警示。

我們都知道「期限」的作用。假如明天早上六點就要起床，你會知道晚上最好十點就入睡；假如明天就是報稅最後一天，我們今天會把文件準備好。期限可以促成適當的規劃。

但很多人卻忽略人生最重要的期限，那就是壽限，彷彿自己會永無止盡、健康不墜地活著。

作者請讀者想想看，自己可以活到幾歲？就假設自己比較長壽好了，可以活到八十五歲。算算看，自己還可以過幾個中秋節？每年出國旅行一次的話，還可以玩幾次？這個練習會讓你瞬間體會，有些想做的事，是不能無止盡拖延的。

而擔心自己活太久，錢不夠用的問題，作者建議你可以設想一個很長的壽命，譬如一百歲好了。假如你的資產夠你活到一百歲，可以說非常有可能，你的資產已經是夠用一輩子了。

金錢與時間，是人生最重要的兩個資產。我們需要投入時間賺取金錢，也需要時間才能享受金錢帶來的好處與樂趣。

就像引擎需要汽油與空氣，兩者混合點火，才能啟動前進。人生也需要時間與金錢，兩者併用，才能帶來最大的效果。但人生這顆引擎特別的地方在於：你可以拿空氣換汽油，就像我們投入時間換取金錢。

很多人犯下的錯誤，就是一直拿時間換金錢。他覺得日後一定會有時間讓他享用這些金錢。他持續這樣做，直到自己的時間所剩無幾——這時他的人生就像只有燃料但沒有空氣的引擎，哪裡也去不了。

這樣的人生終點，只有無盡的後悔。而不是回顧一生，嘴角上揚，知道自己度過了充實美好的生活。

《別把你的錢留到死》用獨到的論點與實用的建議，讓讀者打破一生為錢工作、為錢擔心的慣性與恐懼，充分運用金錢，活出自己想要的人生。

推薦序2

善用金錢創造體驗，實現人生複利

——小資YP（陳逸朴）／《一年投資5分鐘》作者

當我們走進書局，投資理財主題的書籍隨處可見，這些書籍談論的內容，多半圍繞於如何累積財富，即如何賺錢與存錢。確實，要擁有一個安穩的退休生活，這些知識確實重要，尤其是學校很少提供這方面的教育。然而，卻有一本書的內容，令我大開眼界，那是一本倡導花錢的理財書：別把你的錢留到死。

這本書的核心觀點是：在死前將財產花光。

雖然這聽起來很大膽，但書中的論述令人眼界大開。作者強調，金錢只是個數字，如何用它來豐富我們的人生才是最重要的。為此，他提出了人生就是各種體驗的加總。他認為，錢不只能夠拿來創造體驗，這些體驗還能創造出所謂的記憶股息（我非常喜歡這個論點），隨著時間的推移，這些體驗的真正價值將越顯著，因為，人生就是由許多大大小小的體驗與其記憶股息所建構而成的。

但另一方面，作者也提醒我們，人生的某些資源，是有限的，如體力與時間，你很可能不知道，在人生某個時間點過後，我們能將金錢化為享樂體驗的能力會逐漸下降，這意味著金錢的效用將隨年齡增長而下滑，許多想做的事情可能會因為資源的匱乏，而無法成行。因此，現在就開始實現體驗，遠比不斷延遲更有價值。

雖然你可能已經閱讀了許多關於投資理財的書，但這本書提供了一個新的視角：如何聰明地花錢以豐富你的人生。我推薦你一同閱讀此書，讓我們重新思考金錢、時間和健康之間的關係，活出屬於我們的人生。

推薦序3

分配生命活力，與累積財富同等重要

——A大（ameryu）／《A大的理財金律》作者

一直以來，心中總有個疑問：為什麼總要等到年華老去、健康不再，我們才開始準備享受人生？如果您正好也有相同的疑問，誠心邀請您一起閱讀這本書，會有助於您「解開」亂到像是打死結的理財疑惑。

書中一開始提到了〈螞蟻與蟋蟀〉的伊索寓言比喻，我覺得很貼切——我們總是像螞蟻一樣辛勤的工作，內心卻嚮往蟋蟀的隨性人生。作者隨後又問了一句「螞蟻什麼時候去玩了？」如果多年前的我看到這句話，必定會感到五雷轟頂，在那瞬間突然懂了什麼。

對耶，為什麼我要努力工作，如同自虐般地省吃儉用，把生活過得毫無品質，這樣能算「真正的活著」嗎？幸好，我早了幾年瞭解到這個真理，甚至可以說已經「頓悟」了。

錢財，生不帶來、死不帶去，所有的一切終將回到「盒子」裡。我們無法決定生命的長度，但可以決定生命的寬度與精彩程度。在華人文化的理財觀念裡，其實有個盲區一直影響著我們，總覺得應該要把財富「傳承」給後代。但這本書卻反其道而行，告訴我們「人生要過得好，而不只是活著」，在你死後，留下來的一切都是浪費——能盡情享受人生，才是真正的財務自由！

若真的要為孩子著想，僅需要在他們最需要幫助的時候，出手援助即可。然而，理財有兩煩：第一煩是太早走，人在天堂，錢在銀行，爽到別人；第二煩是太晚走，錢花完，人還在。

要免去第一煩惱的良策，就是珍惜你的健康與時間，因為這兩樣東西是世界上最貴、用錢也買不到的。空有財富無用，還要有命去花。至於太晚走、錢不夠的長壽風險，則可以透過退休精算規劃，來避開錢到用時方恨少的窘境。

最痛苦的莫過於身體帶著治不好的病，苟延殘喘地活著，幾乎天天向醫生報到。活太久卻不健康，很容易讓人久病厭世。萬一知道時間不多，倒不如放手去玩，一路玩到掛。

在死之前，如何把錢「剛剛好」花完，是廣義理財規劃中的最後一哩路，亦是《別把你的錢留到死》這本書的核心概念之一。然而，這也是作者發起的一項幾乎「不可能完成的任務」。當你開始盤算要如何在死之前把財產花完、讓資產負債表的淨值歸零時，可能會困擾於怎麼著手行動。因為想要開始花錢，就得先知道自己有多少錢可以花以及分配，因此你需要做的動作就是「整理財產」，然後進行「斷捨離」。[1]

個人認為，整理財產的過程，就相當於整理自己的人生經歷。於此同時，你不妨思考：自己是不是還有什麼沒有完成的事？你可以用遺囑調整生命與理財規劃方向，列出在死之前要完成的一百件事，從數十甚至是數百件待辦事項中，找幾件事情出來提前完成。例如：去日本環球影城「超級任天堂世界」、東京迪士尼樂園狠狠地玩幾天。

廣義理財前期的書都在教我們，如何透過投資與資產配置，有計劃地「穩健致富」[2]以及持續累積財富。而本書則很有意思地提醒我們：累積財富，也要適可而止。除了累積財富，也要會享用財富，人生活著不需要只以賺錢為目標。

我最喜歡的一則書中提醒是：「在我們死之前，要怎樣分配我們的生命活力，才是最好的方式？」說真的，我研究理財那麼久，從未想過分配活力與分配財富一樣重要。我本身是奉行延遲享樂主義，但我也覺得不要過度，因為生活與財富是需要平衡的。你應當要在適當的時機停下來休息，享用你的棉花糖財富，就當作是犒賞自己多年來始終如一的「致富習慣」。

另外還有一個有趣的論點：你可以透過北美精算師官網上的保險精算工具，來評估自己什麼時候會死掉。若能粗略地預知死期，說不定就有機會達成這項「不可能的任務」了。[3]

願您能跟著本書的指引與陪伴，珍惜當下、享受餘生、計劃將來，活成你自己喜歡的樣子，也盡其所能地活出你想要的、最棒的人生。

1. 關於整理財富的斷捨離觀念，請參閱整理鍊金術師小印的著作《財富自由的整理鍊金術》。
2. 關於穩健致富的指數投資觀念，請參閱狂徒、理財館長合著的《通膨時代，我選擇穩定致富》。
3. 請參閱第四章內文。

推薦序 4

如果人生是場遊戲，你可以更有選擇

——理財館長／《通膨時代，我選擇穩定致富》作者

金錢之於整個人生，就像是資源分配的遊戲，終極目標有兩個：第一，遊戲結束前，不能太早把資源用盡，否則你無法順利進行下去。第二，遊戲結束時，你應該盡可能把手中資源拿去創造最大的價值。

不能太早把資源用盡，很好理解，就是不要太快把錢花光。大多數的投資理財書，都會對此特別著墨，內容不外乎就是從如何開源節流，談到投資策略、退休規劃……等等。

然而，這本書最有意思的觀點是：遊戲結束後，你不該剩下太多錢；甚至最理想的狀況是，隨著生命結束，你能剛好把錢全部花光，創造屬於

自己的快樂回憶。

簡單來說，這是一本教你如何「花錢」的書。

你可以花10秒快速回想一下，自己最快樂的回憶是什麼呢？學生時期，第一次跟同學出去玩、一起過夜的畢業旅行？還是與戀人在滿天星斗下，相互緊靠的夜晚？難忘的出遊？精彩刺激的體驗？還是家人間純粹的扶持與陪伴？

不論你的答案是什麼，記憶中的這種美好體驗都值得我們花一輩子追求。書中提到：人生就是體驗的總和，金錢則是創造幸福體驗感的工具，而我們的目標，就是極大化這種幸福感。

不過，把錢花光，當然不是要刻意浪費，更不是不能把錢留給後代子孫，這麼做的關鍵是：過一個有選擇的人生。重點是在你有選擇的時候，「主動」做出最有效率的運用，而不是等你離開後才「被迫」留下遺產。

享受體驗、極大化自己的幸福感、追求一個更有主導權的人生，都是我們的重要課題。具體該如何做呢？打開這本書，你將會對金錢與人生有全新的體悟。

試著在有限的人生之中，儘可能利用金錢及各項工具，創造無限的快樂與體驗吧。

各界好評

ffaarr 的投資理財部落格

我們會把錢投資於資產上，但你知道也可以投資於體驗，累積回憶做為報酬嗎？本書讓你更有效地規劃錢、時間與人生。

大仁／《槓桿ETF投資法》作者

如果你努力賺了很多錢，卻依然感到徬徨不安，那麼這本書就是為你而生的。讓我們一起學會如何「正確花錢」，享受人生。

清流君／財經YouTuber

人生數十載，與天地長久相比，如夢又似幻。

真正能留存一輩子的是回憶，把握當下，用金錢去買「體驗」，會比買物質獲得更永恆的幸福感。

Mr. Market 市場先生 許繼元／財經作家

投資理財是讓生活更好的手段，而非目的，比創造報酬更重要的，是讓人生過得更加豐富。本書可以幫你釐清財務與人生之間的關係。

老黑 田臨斌／《45歲退休，你準備好了？》作者

我一直是「破產上天堂」忠實信奉者，如果你也是，這本書能提供許多幫助！

愛瑞克／《內在原力》系列作者、TMBA 共同創辦人

我們並非為了賺錢來到人間，而是為了生命的體驗及意義感。此書提供了對於「生命活力」及金錢的最佳運用之道，令人激賞！

蔡佩軒 Ariel Tsai

顛覆我人生選擇哲學的《Die with Zero》，絕對值得你閱讀！不留遺憾，一起學習把人生活得更有意義！

世界辦公室創辦人 Wendy

趁年輕的時候勇敢嘗試，把握住每個當下的機會。即使看似在沒選擇的情況，都能夠在勇敢付出後活出理想的樣子。不要在最有體力時，選擇了最安逸的生活，一本在講人生財富的哲學好書。

烏龜妹／游牧旅人作家

We weren't born to work, pay bills and then die. We have the power to create the life we came here to live and ride the flow of it. Enjoy the ride NOW.

Contents

作者的話

你也許聽過《伊索寓言》裡螞蟻跟蚱蜢的故事：勤奮的螞蟻整個夏天努力貯存食物，準備過冬，但是無憂無慮的蚱蜢在夏天卻是拉著小提琴玩樂。結果，冬天來臨時，螞蟻存活了下來，而蚱蜢快餓死了。這個故事的寓意是什麼？該工作的時候，就該工作；該玩樂的時候，就該玩樂。

很棒的寓意。**可是螞蟻什麼時候去玩了？**

這就是我在這本書想要講的主題。我們都知道蚱蜢後來怎麼了：牠餓死了。但是螞蟻呢？如果螞蟻在牠短暫的一生中都像奴隸一樣工作，那牠什麼時候才有時間玩？我們都要活命沒錯，但是我們想要的不只有活下來而已：我們還想要**真正活著**。

因此這本書的重點就是：人生要過得好，而不只是活著。這也代表本書不是在講如何讓各位的錢越來越多，而是講怎樣讓人生過得越來越豐富。我這幾年一直都在思考這些問題，也常與朋友、同事討論，現在我想跟各位分享自己的看法。對於問題，我不見得都有定論，但我相信這些看法，將能幫助各位讓人生過得多彩多姿。

我既不是什麼財務規劃專家，也不是投資理財專家。我只是想要自己的人生過得最充實圓滿，期盼各位也是如此。

我相信每個人都想過這樣的人生，只不過在現實中，並非所有人都能如願。而且坦白說，如果你還在為生計打拚，還是可以從這本書獲得一些寶貴訊息，但絕對無法像那些金錢充足、健康良好、時間自由的人，可以做出選擇，決定如何把手上擁有的資源做最好的運用。

所以，請繼續讀下去。撇開其他的不論，我希望至少能幫助各位檢視與反思一下自己對於人生的基本假設。

比爾・柏金斯（Bill Perkins）

第1章

最佳化你的人生

法則#1
最大化自己的正向人生經驗

艾琳跟約翰夫妻倆都是成功的律師，他們有三個小孩。二〇〇八年十月，約翰發現自己罹患了透明細胞肉瘤，這是一種罕見快速生長的癌症，專門侵犯人體的軟組織。「沒有人會想到，一個三十五歲健康的人竟然會有顆跟棒球一樣大的腫瘤，」艾琳回憶道。所以，直到腫瘤蔓延到約翰的背部與大腿骨頭之前，都沒人認為那是癌症。「我們當時還不曉得他的情況到底多嚴重，等到照了X光後，才看到它像一棵聖誕樹被點亮了。」艾琳說。丈夫罹癌的可怕事實把她嚇壞了，也讓她幾近崩潰，而且約翰的病情越來越嚴重，已無法繼續工作，照顧家庭的重擔全都落到她身上——不論是體力上，還是經濟上。要一個人承擔這一切，實在太辛苦了。

我跟艾琳從小就認識，無論如何都想為她盡一份力。我跟她說，手邊的事先擱下來，趁約翰身體還可以的時候，全家人多花點時間相處。我也提供一些費用上的協助。

其實我是多此一舉。艾琳原本就已經在想辭掉工作，把重心放在真正重要的事情上。她也真的這麼做了。他們住在愛荷華，在約翰治療的空檔，他們享受著兩個人在一起的小確幸：一起去公園、看電影、打電動、接孩子下課。

到了十一月，醫生已束手無策，艾琳查到在波士頓有個臨床實驗，於是她跟約翰去了幾趟，接受實驗性的治療，有空就在當地遊覽，去一些歷史景點，這時候約翰還能走路。然而沒想到，他們的希望又迅速破滅，約翰崩潰了，因為想到了自己即將錯過的一切，包括看著孩子們長大，還有跟艾琳一起共度的人生。

二〇〇九年一月，約翰過世，距離他確診罹癌只有三個月。回顧那段時間，艾琳覺得深受打擊，悲痛欲絕，但是她很慶幸自己辭掉工作，在家陪伴約翰。

大多數人在這種情形下都會做同樣的抉擇。死亡喚醒了人們，隨著死亡逐漸逼近，我們才開始醒悟過來，感受越來越深。在人生終點將至之時，我們突然間才會想到：「我到底在幹嘛？為什麼我耗掉這麼多時間？」而在這之前，我們還以為自己有的是時間，都用這種態度過生活。

這種心態自然是可以理解的。因為不會有人蠢到每天都把日子過得好像是生命最後一天：那就不用工作、不必讀書考試、別看牙醫了。所以我們會理所當然認為，可以晚點再來享受人生，因為以後總是有時間。但悲哀的是，太多人把人生樂趣延後得太久，根本是無限期延後。大家把自己想要做的事一直延後，直到有一天全都已經太遲了，拼命存的錢卻永遠也享用不到。以為自己永遠還有時間的這種想法，根本不是眼光長遠，而是剛好相反，簡直是目光短淺到可怕的程度。

艾琳與約翰的故事無疑是極端的例子，晚期的透明細胞肉癌很罕見，死神就這麼大剌剌地直接出現面前，凝視著這對夫妻。可是他們面臨的挑戰其實跟一般人沒什麼不同：每個人的健康都會隨著時間漸漸衰頹，遲早有一天我們都會死去。我們該尋找的解答是：要如何善用自己在這世界上的有限時光。

這聽起來像是個玄奧的哲學問題，但我並不是這樣看。我是一個工程師，靠著我的分析專長致富，因此我把這個問題看成是一種最佳化問題，或者說，這個問題是要如何將人生活到最充實，盡量不要虛度。

這是每個人的問題

我們每個人都會面臨到這個問題，只是版本不同而已。當然每個人積攢錢財的方式不同，而且往往差異非常大，但是對於我們每個人而言，核心的問題是一樣的：**在我們死之前，要怎樣分配我們的生命活力，才是最好的方式？**

這個問題我想了很多年，在我可以賺到足夠的錢餬口時就開始想了，而經過這些年的思索，我想出幾個還算說得出道理的基本法則。這些就是本書的理念。舉例來說，有些人生經驗只能在某個時間點體驗，因為絕大多數人應該無法在九十幾歲去滑水。另一個法則是，雖然我們有可能在未來賺到更多錢，可是我們永遠無法回到過去，讓時光倒流。所以沒有理由因為害怕浪費錢，而讓自己錯失機會。浪費生命才更值得讓人憂慮。

我堅信這些理念，有機會就到處宣揚。例如，有位二十五歲的女性，她不敢追求自己夢想的工作，寧可勉強自己去做安穩、但沒什麼尊嚴的工作；或者有位六十歲的百萬富翁，為了多存點錢退休，還是工作到很晚，而不去享受自己已經累積的財富。我討厭看到人們浪費自己所擁有的東西，不把握當下，儘可能去體驗人生。我真的都會這樣跟他們說，而且我也盡可能身體力行。的確，有時候我就像在足球場邊的胖教練，自己也沒有確實做到位。但是當我認真督促自己實踐時，就會做些修正，有些部分各位會在本書後面讀到。沒有人是完美的，但我會盡力說到做到。

我們都一樣，也都不一樣

人生要過得充實，有很多種方式。舉例來說，我喜歡旅行，也喜歡打撲克牌，所以我常常旅行，而其中有些是參加撲克牌比賽。這也代表我每年花不少錢在旅遊和撲克牌上頭。不過請別誤會：我不是要鼓吹大家都花錢出去旅遊，當然更不是打撲克牌。我要鼓勵各位的是，先想好什麼可以讓自己快樂，然後把錢花在自己想要擁有的體驗上面。

會令人開心的體驗當然是因人而異：有些人活力十足，喜歡冒險犯難，有些人則是比較喜歡居家生活。有些人把錢花在自己跟家人朋友身上就感覺很滿足，有些人則是傾向把時間跟錢用在弱勢不幸的人身上。當然，我們可以有各種不同的人生經驗。我除了喜歡旅行，也喜歡花時間跟錢倡導自己所關心的議題，例如譴責對銀行紓困，或者援助我們美屬維京群島的颶風受災同胞。因此我絕對不是要跟各位講哪種經驗組合比較好，相反地，我是希望各位認真、用心地去做選擇，而不是習慣性地過著自己的人生，就像我們大多數人那樣。

當然，並非只要知道什麼會讓自己快樂、然後把握時間花錢去享受那麼簡單。這是因為在我們一生中，享受不同體驗的能力會有所變化。請想想看，如果你才剛學會走路，你爸媽就帶你到義大利旅行，這趟假期可是花了不少錢，但你能體驗多少？或許只有一輩子都愛吃義式冰淇淋？再來看看另一個極端例子。當你活到九十幾歲，你認為你還能去爬羅馬的西班牙階梯嗎？就算假設那時你還很硬朗，還能夠全部爬完，你會覺得很享受嗎？（某個經濟學期刊上的文章標題１就是：《沒了健康，有錢又有什麼用？》）[1]

換句話說，若要充分善用自己的錢財與時間，時間點很重要。所以，要提升整體人生的滿意度，關鍵點就是要在適當的年紀去經歷各種體驗。不管你喜歡的是什麼或你有多少錢，這點都是一樣。因此，雖然每個人的人生滿足感在程度上會有所不同——例如，有些人能夠動用的收入相對有限，人生滿足感的程度就會稍微低一些，而那些覺得很滿意的人，顯然是會有比較高的滿足感——但我們都需要好好把握時機去體驗。盡量去體驗，讓自己感到滿足，就是最佳化人生，你可以仔細規劃怎麼樣使用自己的金錢與時間，運用自己手上有的資源，來達到你所能抵達的人生最高峰。只有負起責任做出重要的抉擇，才能真正主導自己的人生。

名譽億萬富翁

有些我的朋友稱我是「名譽億萬富翁」，意思就跟各位想的一樣：我不是真的億萬富翁，我只是花錢像億萬富翁。

不過，現實的狀況是，大部分的億萬富翁在自己有生之年不會亂花自己的錢。整體來看，美國最富有的前兩千個家庭（大部分都是年長者），每年僅捐贈出他們所有財產的百分之一，而他們在死前恐怕連自己龐大資產的百分之一都沒花到。[2]我不是在說那些極端富有的人很小氣。這些最有錢的人家也包括了當今最慷慨的慈善家，像是比爾・蓋茲、華倫・巴菲特、麥克・彭博等，他們都承諾過會把自己的財產捐出去。但是，即使是這些特殊的捐獻者，也很難快速地花費他們的億萬家產。部分原因是他們累積的財富實在過於龐大，每年增長的幅度超過他們能夠審慎、盡責捐出去的數額。以比爾・蓋茲為例，即使他一直全力投入消弭疾病和貧窮，但也見證了自己的財富從二〇一〇年開始幾乎增長了一倍。雖然我不喜歡挑剔一個做了那麼多了不起善事的人，但我還是忍不住會去想，如果他現在就把自己龐大的財富都分配掉，那還可以再做多少事啊！

至少比爾・蓋茲在還算年輕時就有那個智慧與遠見，不再為了錢去工作，而是開始大幅度地花錢。太多有錢、成功的人都做不到這點。連比爾・蓋茲都該早點退休離開職場，不然他的身家財產會一直累積好幾倍，一輩子都花不完。人生不是在玩《太空入侵者遊戲》（Space Invaders）——你不會因為在遊戲中累積了錢而得分——可是很多人卻是這麼在過人生。他們就只是一直在賺錢、賺錢，想要儘可能累積自己的財富，卻幾乎沒想過要從這些財富中儘可能獲得些什麼，例如，想想現在可以給孩子、朋友、整個社會什麼，而不是等到死了以後才給。

一場改變人生的對話

我並不是一直都這樣想，尤其是在大學畢業、甫出社會時，我絕對不會這樣想。在愛荷華大學讀書時，我參加足球隊，唸的是電機系。儘管我喜歡電機工程，也會想過著理想中的美好生活，但是在校園招募人才活動開始前，我就知道自己絕不會只想找一般電機工程的工作。在像ＩＢＭ這樣的大公司工作，我可能要研究晶片其中一小段的一小段好幾年，才有機會真正做到設計的部分。這就讓人覺得沒那麼有趣。沒有彈性的工作時程，加上每年只有一兩個星期可以休假，都會阻礙我去做其他想做的事情。誠然，我是還很年輕，妄想著偉大前景。不過我很確定，一定會有什麼更好的事情在等著我。

《華爾街：金錢萬歲》（Wall Street），這部我大學時候的電影，現在大部分人都喜歡拿來開玩笑：我們會笑麥克・道格拉斯（Michael Douglas）在劇中梳著油頭所飾演的葛登・蓋柯（Gordon Gekko），這位主角他告訴我們，「沒有比『貪婪』更好的字了」。我們都知道那種肆無忌憚的資本主義是從何處掌控了整個國家；但於此同時，電影裡面描繪的那種富裕、隨心所欲的生活方式深深吸引了我。我覺得金融業會給我那種我想要的自由。

因此，我找到了一份在紐約商品期貨交易所的工作。當時我的職銜是「迎賓專員」，但我充其量只是個打雜的助理，幫忙做些瑣事，像是悄悄拿個三明治給在交易大廳的老闆們。這裡就是金融業相當於好萊塢收發室的地方。

我的起薪是一年一萬六美元，即使是在一九九〇年代的早期，這樣的薪水也不足以讓我住在紐約市，所以我搬回紐澤西跟我媽一起住。過了一陣子，我升到「資深迎賓專員」，薪水調為一萬八千元，能夠讓我搬到曼哈頓上西區，跟另一個人合租一間套房。我的室友跟我弄了一道臨時的牆，隔出一個披薩烤爐大小的地方，當成是我的臥室。那個時候，我能花的錢真的非常有限，所以如果我不買地鐵的月票，肯定會破產，因為我根本無法負擔每天買全票的費用。我帶約會的對象出去看電影時，如果她還點了爆米花，我就會非常焦慮不安。真的沒騙你。

於是我開始在晚上幫老闆開他的豪華大轎車，額外多賺點錢。我非常節省，想儘可能多存點錢。我認識的人當中，只有一個比我還省錢，那就是我朋友東尼（Tony），他可以從一碗爆米花中找到還沒爆開的玉米粒，先冰起來，讓它們吸收水氣，然後再重新爆一次。

我對自己的節儉非常自豪，很高興自己雖然收入這麼少，但還是可以想辦法存到錢。然後有一天，我跟我的老闆喬・法瑞爾（Joe Farrell）在聊。他是我當時上班公司的合夥人。不知怎地，我們講起我的薪水。我告訴他我存了多少錢——我想那時大概有一千美元了，我覺得他應該會認可我的金錢管理能力。但是，我錯了！以下是他脫口而出的反應：

「你他X是白癡嗎？幹嘛省那個錢？」

我當場像是被打了一巴掌。他繼續說。「你來這裡是要賺**幾百萬**的錢，」他說。「你賺錢的能力才要開始爆發！你認為你一輩子就只能賺那個一萬八的年薪嗎？」

他是對的。我不是為了賺這點錢才來華爾街做這份工作，而且我很確定，以後自己會賺得更多。那我幹嘛要為了未來的日子，拼命省自己那微薄薪水的幾個零頭小錢？我應該現在馬上就好好享用這微不足道的一千美元！

這真是改變我生命的時刻——我突然領悟了，瞭解到賺錢跟花錢要怎樣取得平衡。我那時還不知道，但其實實喬・法瑞爾講的是在財務與會計裡早就有的老觀念，那就是「消費平滑化」（consumption smoothing）。我們的收入可能每個月或每一年都不太一樣，但不代表我們的花費也要跟著一起改變——如果我們不去管這些變化，那我們手頭就會寬裕起來。要做到這點，我們基本上需要把錢從收入豐厚那些年份轉到收入較少的年份。這就是儲蓄帳戶的功用之一。但是以我的例子來說，我一直是完全倒著在使用我的儲蓄帳戶：我一直是從餓得半死、年輕的自己提領錢出來，給我未來有錢許多的自己！難怪我老闆說我是白癡。

讀到這裡，各位可能心想：好吧，消費平滑化在理論上說得通，但你怎麼知道自己以後會比現在更有錢呢？不是每個迎賓專員後來能成為成功的操盤手，就像不是每個好萊塢的收發室小弟能成為電影公司大亨。

這是個很好的問題，而且我承認，很多事情都必須非常順利，才能讓我到達今天的位置。沒錯，我是無法預測自己未來會賺大錢。但重點是：我很有信心自己要朝哪個方向去賺錢。我無法知道自己之後是否會賺到幾百萬，但我很肯定知道，我絕對不會一年只賺一萬八千美元。事實上，我去做服務生都賺得比這還多。

你的錢重要，還是你的人生重要？

就在此時，我突然想起一本很重要、而且深具影響的書：《跟錢好好相處》，作者是薇琪・魯賓（Vicki Robins）與喬・杜明桂（Joe Dominguez）。這本書我讀了好幾遍（而且二十五年之後，現在又受到年輕一代的讀者歡迎，其中很多人都是財務自由運動的成員），完全翻轉了我對於自己時間與人生價值的理解，因為從這本書我體悟到，我浪費了自己人生中的珍貴時光。

怎麼浪費？這本書主張，你的錢代表了**生命活力**。生命活力是指你還活著的時候可以做事情的所有時數——而且，只要你在工作，就是在花掉你有限的生命活力。因此，你工作賺多少錢，這些錢就等於你為了賺到它們所花費的生命活力。這不管你工作賺到的錢是多是少，都是如此。所以即使你一小時只賺八美元，花掉這八美元就等於是用掉你一小時的生命活力。這個簡單的概念對我影響巨大，比講什麼「時間就是金錢」這種老掉牙的論調對我打擊更大。我開始去想，你耗掉我的生命活力，給我的卻是紙（錢）！那就像《駭客任務》（The Matrix）的結尾時，男主角尼歐（Neo）東走西走所看到的世界。這是我讀完《跟錢好好相處》的改變：我開始會去計算，如果買這個或買那個東西會需要多少時數。好比說，我看到一件很好看的衣服，就會先心算，然後想，喔不，你不能叫我工作兩個小時，就只為了買這件衣服！

那本書還有其他幾個概念影響了我，我想分享其中一個概念，它跟你現在在讀的這本書最相關：薪水越多不代表你每個小時的真正收入越多。舉例來說，一個年薪四萬美元的人，很可能實際上每個小時賺得比年薪七萬美元的人還多。怎麼可能？這還是跟生命活力有關。如果年薪七萬美元的工作，要耗費掉你更多的人生活力——像是要花很長的時間通勤到大城市上班、需要購買符合高階工作身分地位的衣服，當然還有為了這樣的工作需要投注額外的時間——那麼這個薪水比較高的人其實最後往往會比較沒錢。這個薪水比較高的人也可能比較沒有空閒時間享用自己辛苦賺來的錢。所以在比較工作時，你真的必須考量到那些隱藏起來的潛在成本。

對我來說，可以用餅乾為例。為了我膝蓋的軟骨著想，還有出於其他健康的理由，我希望可以維持理想的體重，所以每次我看到餅乾的時候，我就會把餅乾換算為跑步機上的時間。有時候我看到很好吃的餅乾，會嚐一口看看有多好吃，然後問自己：「那個餅乾有好吃到值得你多花一個小時在跑步機上嗎？」答案不一定都是「不」（雖然常常是否定沒錯），但那就不會是沒經過思考後的決定。這樣的計算——不論是計算錢、時間、食物，還是運動——可以讓我們在做選擇時比較謹慎，到最後就會做出比較好的決定，而不是一時衝動或出於習慣就去做了。

我不是說所有的工作，或者運動，都是一種時間黑洞，會消耗掉無數的時間。你可能很喜歡你的工作，或許你很喜歡自己工作的某些部分，就算沒有薪水也無所謂。但那多半是工作中最細微的部分：如果我們不必為了賺錢而工作，那我們大多數人應該會找其他自己喜歡的事情做。

我們美國人深受傳統的工作倫理所影響。許多其他文化的人都瞭解，人生要比工作重要得多了。這點從很多歐洲國家的人每年休假的天數就可以看出，像法國跟德國，他們可以有六週以上的休假！在法國渡假勝地聖巴特島（St. Barts）上（這是全世界我最喜歡的地方之一），每家店在下午兩點過後就關門，這樣大家可以跟朋友出去，享受一頓美好悠閒的午餐。這種工作與生活之間的平衡，比我們大多數人習以為常的生活模式好太多了。

你的人生就是你體驗的加總

這也是《跟錢好好相處》一書的核心精神。這本書的兩位作者強烈建議大家，不要為了錢犧牲自己的人生；希望我們不要成為工作跟錢財的奴隸。

那麼，該書兩位作者是如何建議我們達到這種財務自由呢？他們所論述的方法是節儉，也就是選擇過著簡單的生活，這樣你就不需要很多錢了。但那不是我從這本足以改變人生的書中所獲得的最大收穫，也不是我想要向各位倡導的。

相反地，我比較堅信體驗的價值。體驗並不需要花很多錢，有些甚至是不必花錢，不過值得嘗試的體驗多半是要花一些錢，例如：難以忘懷的旅行、音樂會的票、追尋創業的夢想，或一個新的嗜好。所有這些體驗都要花錢，而且有時候要花很多錢。對我來說，這個錢是值得花的。很多心理學的研究都顯示，花錢在體驗上面，要比花錢買東西更讓我們感到快樂。物質上的擁有，剛開始似乎會令人很興奮，但常常很快就會貶值，體驗則會隨著時間真正顯現出其價值，它們會回饋給你這個：「**記憶股息**」（我這麼稱呼），這你在後面的章節會讀到更多有關的論述。明明手頭有點錢卻還要勒緊褲帶生活，就等於是在剝奪自己有這些體驗的機會，讓你的世界越來越小，但其實沒必要這樣。

所以說，你的人生是你體驗的加總。但是你要怎麼最大化體驗的價值，才能真正善用這僅有一次的生命?或者，就如同我在前面所說的，**在死之前，怎樣花費生命活力，才是最好的方式?**

這本書就是我對這個問題的回答。

為什麼是這本書

這本書是從一個應用程式開始的。我知道一定有使用生命活力的最好方式，而絕大多數人都是用不甚理想的方式在使用。部分原因是要計算出最好的方式是很複雜的數學:身為人類，我們很不會處理含有各種變數的大量資料，而且當我們被搞得頭昏腦脹時，就會啟動慣性系統，結果便是跟最理想的方式相距甚遠。電腦在處理這類問題比我們強太多了。所以我就想到設計一個應用程式，幫助大家最佳化自己的人生，或至少可以接近人跟電腦可以做到的程度。

後來，幾年前，我去找我的醫生，他是洛杉磯那些想讓你延年益壽的其中一位醫生。他叫克里斯・雷納（Chris Renna），在一間名為「壽命」（Life-Span）的診所工作。這裡提供超級全方位的檢測，以便提早找出問題：你越早發現哪裡有問題，就越有機會避免小毛病變成大問題，還可以變得更健康。舉例來說，如果你哪裡有拉傷，就盡量避免讓拉傷變得更嚴重，那你就會有比較好的生活品質。所以他會問我各種問題，來及早找出健康上的問題。他會問像是：你有睡滿七個小時嗎？感情生活如何？小便有沒有問題？諸如此類的問題。你也可以問他問題，什麼都可以問。接著，在心理評估的部份，他問了一個問題，是跟財務壓力有關：「你會擔心錢用完嗎？」

「我希望可以把我的錢花光光！」我說道。

他很疑惑地看著我。於是我火力全開，滔滔不絕向他鼓吹人生應該要有各種體驗，還有，等到我死了，或老到沒法到處體驗，根本也無法花自己的錢了，所以我要在死之前把錢花光光，一點也不剩。

他說，從來沒有人這樣回答過。雖然他的病人大多很有錢，但很多人還是害怕錢會花光。我跟他說，我正在研發一款應用程式，幫助大家解決這個問題。但他說：「你應該寫一本書才對。你應該要走出去，把你的想法告訴大家，而不是只跟那些使用應用程式的人講。還有，你應該現在就去做，」雷納醫生說。他甚至還介紹一些寫手給我！

但各位現在讀的這本書，並不完全是雷納醫生原本料想的內容。雖然他對於解釋為什麼該在死前把錢花光光這個想法感到有趣，但是許多人卻覺得很倒胃口。很顯然不只是有錢人會害怕錢用完，聽到我說死的時候不留半毛錢的人都很害怕。所以各位會在本書裡一直看到我在講這份恐懼。畢竟，如果大家都很害怕在死**之前**就沒錢了，那根本也不會有人願意嘗試死的時候不留半毛錢。

不過我想先釐清一點，那就是每個人對於錢的擔憂並不一樣。有些人的害怕是沒道理的：他們有大量的資源，只要規劃得當，根本不需要擔心錢會用完。本書的目標讀者就是這些把錢都攢起來的人。但是對於上百萬的美國人、還有全世界其他幾億人來說，擔心錢不夠是完全可以理解的。最沒有錢的人很不幸地都面臨相同的處境：如果你沒有主動收入，那麼你肯定在花錢上面沒什麼太多選擇，當然你就只能想著要怎樣餬口，這絕對合情合理。沒錢的人是無法奢想要在工作與享樂之間、或現在花掉還是為未來打算之間，達到最好的平衡。在艱困的環境中，窮苦的人可能已經盡其所能充分善用自己的每一分錢。

對於花錢隨心所欲的人來說，擔心沒錢也是合理的：因為他們真的會一下花掉太多錢，所以當然應該要怕！我是想要把螞蟻與蚱蜢的故事倒過來，告訴大家，過度延遲滿足到一個極端，就會變得無法有滿足感。但是我也絕對知道，許多人很可惜太像蚱蜢那樣活著。

就某種程度而言，本書是為這兩方的讀者所寫。不論你是「花錢不手軟的大爺」，正在犧牲未來能夠經歷的體驗（你甚至根本不知道你可以有這些），還是「勤儉持家的人」，依舊還是去上班，做著自己不喜歡的工作，只為了你永遠都不會去享受到的東西賺錢，都不算是過得理想的人生。這就是說，本書比較偏向將螞蟻往蚱蜢的方向拉過去，而不是反過來。

次好的方式有很多，而最好的方式只有一種。我們沒有人是完美的，但按照這本書的方法做，你會避免犯下最嚴重的錯誤，同時充分運用了自己的錢財，把人生過得精彩萬分。

那要怎麼做？所有的生物，包括人類，都是一種能量處理單元（Energy Processing Unit）。[3] 我們加工處理了食物，身上才會有力氣。加工處理能量讓我們不僅僅可以在地球上生存，也有機會過一個非常滿足的人生：有了能量，我們就可以在全世界到處趴趴走。能動才算是活著，而且我們在活動的時候，會一直得到反饋，讓我們去發現、覺得驚奇、感到喜悅，還有獲得在生命中大膽嘗試所能得到的一切體驗。當你無法再進行能量處理，就會被宣告死亡，而你的人生體驗也告結束。本書想講的是如何在生命結束前儘可能好好體驗人生。加工處理能量既然能讓你去選擇嘗試什麼體驗，那麼要充分善用人生的話，當然就是要最大化這些人生體驗的數量，特別是正面的體驗。

最大化人生的體驗是個挑戰，可能聽起來很容易，實際去做卻非如此。為了要充分利用人生，你不能只是趕快盡量去獲得很多的正面人生體驗就行了，因為大多數的體驗都要花錢。（對於剛開始的人來說，給予你生命能量的食物就肯定是要花錢。）所以，雖然把所有的生命活力直接轉化為體驗是超級有效益，但是過程中間你還是必須要想辦法賺到錢。換句話說，你至少必須用部分的生命活力去工作賺錢，然後用賺到的錢去體驗人生。

不過，如果你的目標是最大化自己人生的滿足感，要把多少生命活力用在賺錢上面、（還有什麼時候）多少花在體驗上面，就不是那麼明顯易見。首先，每個人在人生某些重要方面是各不相同的，因此有很多變數要考量。這點會變成一個複雜的最佳化問題。所以才說應用程式會有幫助，因為它可以將許多變數納入考量，加以計算，來幫助你比較不同的、可能的人生路徑，看看選擇哪條路徑可以獲得比較大的滿足感。然而，即使是應用程式也無法做到完美的地步，因為就算是最成熟的模式，也無法完整掌握人類生命的複雜性；此外，應用程式運算的結果取決於它所接收的資料，而大多數的資料並不是那麼完整。不過，無論有沒有運用程式，我們還是可能睿智地去思考這些賺錢－花錢的決定。而且儘管我不知道所有的答案，也永遠無法都知道，但是我有信心我前面提到的準則，加上其他的方法，可以提供幫助。本書每一章會說明一項法則，或者「原則」，引導各位做出比較聰明的決定，好好分配自己寶貴的生命活力。我們都無法做到完美，但將這些準則應用到自己的人生，就能夠讓我們更接近最理想的境地。

我最主要的目的是希望讓各位讀者以更有意義的方式、用心思考自己的人生，而非只按照大家習以為常的方式，就這麼過了一生。是的，我要你好好規劃自己的未來，但不是要你忘了享受當下。我們都是在乘坐人生的雲霄飛車。就讓我們來想想，怎樣讓這趟雲霄飛車之旅最刺激、最愉快、最開心。

建議

可以開始積極思考，你想要什麼樣的人生體驗，以及你想要的次數。人生體驗可大可小，可以不花錢或所費不貲、做愛心或純粹享樂。但也要想想，你真正想要從這一生中獲得什麼有意義與難忘的體驗。

第 2 章

投資自己的人生體驗

法則 # 2
儘早開始投資你的人生體驗

我二十歲出頭的時候，住在一起的室友叫傑森・魯弗（Jason Ruffo），他當時決定要請假三個月，到歐洲去旅行，去當背包客。他就是那個我在曼哈頓跟他分租房間的朋友（我住在那個另外隔出、像披薩烤箱那點兒大的房間）：我們那時候都是年薪一萬八美元的迎賓專員。為了去成這趟旅行，傑森必須暫時辭掉工作，而且還得跟唯一會借給他一萬美元的人借錢：會借他這麼多錢的人也就只有放高利貸的人了。你知道高利貸業者才不管你有沒有擔保抵押的東西，也不在乎你的信用記錄，因為他們自然有辦法確保你會還錢。

我跟傑森說：「你瘋了嗎？跟高利貸借錢？你會搞得自己腿被打斷！」我不只擔心傑森的人身安全。跑到歐洲旅行，意味著傑森還會失去工作升遷的機會。對我而言，這簡直是天方夜譚，就跟到月球一樣不可思議。我是絕對不會跟他一起去。

但是傑森心意已決。他出發了，飛往倫敦，心情既緊張又興奮，因為要獨自一人旅行，身上只帶著歐洲火車通行票，而行程都還未確定。幾個月之後他回來，薪水跟我的沒什麼太大差別，但是從他旅行的故事與照片來看，他去了這趟旅行後，變得比我富有太多了。各位要曉得，那是一九九〇代初期，當時還沒有快速的網路與 Google 地圖。沒有真正到當地、而想看看布拉格長什麼樣子，你必須要有一本介紹布拉格的攝影圖文書才行。所以聽他講故事、看他拍回來的照片，就像在聽某個外國探險家講故事一樣。

在德國，他看到了達浩集中營的慘狀。在新成立的捷克共和國，他瞭解在共產黨統治下的生活是如何。在巴黎，他跟兩個在路上交到的朋友，坐在公園裡消磨一整個下午，享用著法國麵包，配著起士跟酒，感覺世界上沒有什麼事是做不到的。最後他來到了希臘，在那裡跟一個女生墜入愛河，還首次在海灘上享受性愛體驗。一路上他認識了當地的人，也結識來自各地的年輕旅行者，他更瞭解了自己、其他人與其他文化，覺得自己的世界大大敞開。他講述自己看到哪些有趣的文化現象，還有他與這些文化的連結，這些故事實在太令人驚奇，讓我好生羨慕，很後悔當初沒跟他一起去。

隨著時間過去，我越來越感到後悔。我到了三十歲才終於去歐洲，但已經太晚了，我已經年紀有點太大、太過中產，不適合住在青年旅館，跟一堆二十歲出頭的人混在一起。再加上，三十歲的我，比起二十幾歲的時候，有更多的責任要扛，所以更難請一個月的假去旅行。我最後，很遺憾地做出了結論：我真應該早一點去才對。

傑森跟我想的一樣，他知道要在對的時間點去歐洲旅行。「我現在已經沒辦法跟二十個傢伙擠在青年旅館裡，睡在寒酸的上下舖，我也無法背著二十幾公斤的背包搭火車，走在大街小巷中。」

但是他跟我不一樣的地方是，他真的付諸行動去旅行，所以不會一輩子懊悔不已。事實上，儘管高利貸的利息驚人，他對於這趟花費是完全不後悔。「不論我花了什麼錢，我都覺得自己賺到了，因為我獲得了寶貴的人生體驗，」他跟我說。「沒有人可以把這些從我這裡拿走，而且不論付我多少錢，我也不會把這些記憶抹除。」他從這次旅行所得到的經驗，可以說是無價。

不過回到傑森一開始決定要去歐洲旅行的那個時候，他是根本沒什麼計劃就跑去了。他那時對自己人生沒什麼規劃，也不是有意識地決定趁年輕時投資自己的人生體驗。一方面，他很幸運，他的直覺帶領他做了一個這麼棒的決定。但是通常光有直覺是不夠的，而且它們常常把我們引導至錯誤的方向。我寫這本書的宗旨，從另一方面來說，是要讓各位在做人生的選擇時更深思熟慮，也就是使用數據資料與判斷力，好好想清楚該做什麼。這也是你做出最好決定的方式。在本章中，我會向各位說明，要如何用量化的方式來思考你的人生體驗，而不是用你習以為常的方式來思考。

你的人生事業

這個概念是指，你的人生是你人生體驗的總和。意思是說，你在這一生中所做的每一件事，包括每一天的、每一週的、每一個月的、每一年的、還有一生僅有一次的經歷，全部加起來就是你這一個人。當你回顧自己的人生，這些經歷是否豐富，會決定你認為自己這輩子是否圓滿。所以顯然，你應該要好好認真思考，用心規劃自己想要的人生體驗。沒有這樣花心思規劃，你勢必會跟隨著自己文化中的傳統、既定模式過一生，也就是按照習以為常的方式過日子。你還是會抵達人生的終點站（死亡），但可能這趟人生的旅程並不是你自己積極做出選擇的旅程。

可悲的是，這是大多數人一生的寫照。換一個比喻來說，那就像人們挖了一個井，拿了抽水機來，然後用抽水機抽水，灌到杯子，杯子很快就滿了，於是水流了出來。人們喝了一口，然後繼續抽水。到了生命結束時，人們才發現，雖然自己一輩子都在抽水，但還是覺得口渴。這是多麼浪費！想想看，如果你到了人生盡頭才醒悟，自己沒有好好規劃，沒讓人生充滿覺得很過癮的體驗，那該會多麼令人懊悔不已。《唐頓莊園》（Downton Abbey）裡的男管家卡森（Carson），曾說過這麼一段充滿智慧的話：「人生的事業就是擁有回憶。畢竟到最後，那才是人生的全部。」

這聽起來蠻有道理，但通常大家聽了也是左耳進，右耳出。你聽了，或許會還點點頭表示贊同，然後回頭還是跟以前一樣過日子。不過，在我父親即將走完人生之際，他真的充分瞭解了，人生就是要擁有回憶的這個想法。

我父親在那個時候，已經無法出門度假。他的體能狀況大不如前，旅遊對他的健康來說，風險太大。我於是送了他一個不用怕會太傷感的禮物：一台裡頭充滿回憶的 iPad。他在念大學時是愛荷華大學的足球隊，還在一九五九年贏得美國大學美式足球盃大賽。於是我從那次光榮的賽季中，找出精彩的畫面，加以數位化之後，存入 iPad 裡。我們常常都是透過回憶重新經歷人生的某些歲月，所以我想這樣做應該會讓回憶更鮮明，也更容易擁有。果然，他愛死了。他拿著 iPad 坐下來看時，一邊笑一邊哭，回憶起很多事來。雖然因為年紀太大，他無法再擁有什麼難忘的經歷，但是他還是可以從精彩畫面的影片中獲得極大的滿足。其實他覺得，這是他收過最棒的禮物。這個時候我體悟到，我們要帶著回憶退休。當我們年老體衰，再也無法做什麼的時候，我們還是能夠回顧自己走過的一生，感受當時那極大的喜悅、驕傲，還有懷想起來的苦樂參半。

在螞蟻跟蚱蜢之間

帶著回憶退休的這個概念，跟我們平常對於退休的理解是完全背道而馳。美國的職場工作者，一般得到的訊息都是，我們必須要存夠錢才能退休，我們必須把錢存進 401k 退休儲蓄計劃或 IRA 個人退休帳戶（註：兩者皆為美國的退休金帳戶）。我們從小就學到要存錢以備不時之需，只不過長大後變成要為將來退休後的生活存錢。

好比說，在螞蟻與蚱蜢的故事裡，令人記憶最深刻的改編版本是這個：螞蟻在收穫完食物之後，很高興地坐在那裡（還沾沾自喜），而蚱蜢因為整個夏天都在玩樂，所以現在餓得要命。這個改編的版本無疑指出了螞蟻跟蚱蜢哪個才是做對了，而且肯定絕對不是喜歡玩樂、眼光短淺的蚱蜢。

但請不要搞錯我的意思：我想講的不是我們應該要像蚱蜢，不要為我們人生的冬天儲蓄存糧，或者在說我們花在體驗上的任何一分錢都是值得的，因為人生就是體驗的總和。這樣想就太蠢了。我想說的是，我們的文化傾向過大誇大螞蟻的美德，也就是要辛勤工作，延遲享樂，卻犧牲其他的美德。結果就是，我們無法瞭解蚱蜢對我們也有重要的啟示。沒錯，蚱蜢要是有儲存一些糧食，就不會餓死了；而螞蟻，沒錯，稍微多些玩樂，會過得更好！我在這裡是想縮小螞蟻跟蚱蜢之間的差異，幫助各位找到兩者間正確的平衡點。其實對於這個我個人比較偏好的故事版本，我認為要陳述的寓意是：「要工作，也要玩樂。」[4]所以在後面的章節裡，我會說明可以使用什麼樣的工具，來幫助各位算出用來工作與玩樂的確切時間（以及確切的時間量），也就是賺錢跟花錢的時間。

體驗的價值是什麼？

前面提到過，人生就是所有體驗的總和。這個，我可不是在空口說白話：如果你把每個體驗數值化，就能夠把一些體驗的價值加總起來。這麼做可以讓你比較不同類型的經驗，進一步嘗試著最大化自己人生的滿足。

那要如何把體驗數值化？剛開始的時候，你可以想想自己從體驗中所感受到的快樂，如果打分數的話，是幾分，就像在比賽中會獲得幾分那樣。高峰經驗會有比較高的體驗分數。小確幸的體驗分數就稍微低一點。你會替體驗打多少分數，全看你自己，因為每個人的價值觀與興趣都各不相同。有些人只喜歡照顧自家花園，種種植物，他們會給每天蒔花弄草打很高的分數。其他人則可能會認為，花錢找人修剪植物或拔拔雜草就好了，而給花時間做園藝打零分。（這個評分方式中沒有負分。）

你可以替自己所有的正面體驗打分數，以一年為單位，好比說，去年

圖1：以7年期間的滿足感曲線為例

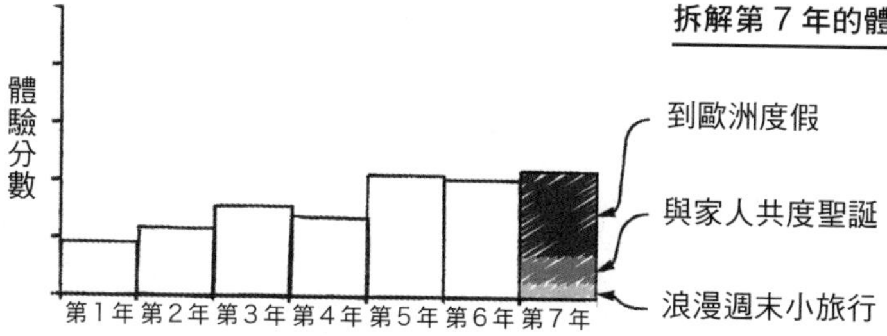

每個長條代表該年的體驗分數。所有長條共同構成了你的滿足感曲線。因此，提高整體滿足感，就會提高曲線下方區域的面積——形塑這條曲線，就是形塑你的人生。

一整年，然後把這些分數加起來，得到一個數字，例如5,090分。你可以用條形圖上的長條來顯示：分數越高，長條圖就越高，就像**圖1**這樣。

你可以把每一年的體驗都做成這樣的長條圖。有幾年分數會比較高，原因可能很多，其中有些是你無法掌控的。（比方說，如果發生意外，讓你得躺在醫院裡十二個月，可能這一年你就無法有很多開心的體驗。）但是本書會著重於你可以做的決定、可以掌控的部分——

如此一來就知道有些因素是在你掌控之中，其中最重要的因素就是這個：在每個年紀要花多少時間賺錢 vs. 體驗人生。就像螞蟻跟蚱蜢要面對工作和玩樂的平衡問題。只要掌控住這些決定，就可以改變長條圖的高低，然後塑造出你個人的曲線形狀。我們會在後面談到更多如何達到這些平衡，但現在我只希望讓你可以瞭解，我說的「人生是體驗的總和」是什麼意思。

記憶股息

本章教各位要投資在體驗上頭，但是體驗真的是一種投資標的嗎？我的意思是，大家都明白，體驗雖然需要花時間、花錢，但在經歷的過程中能帶來快樂，單就這個理由來看，體驗就非常有價值。不過讓我來告訴各位，為什麼我說體驗是一項對未來的投資。

首先，讓我們來看看投資是什麼。大多數人聽到投資兩個字立刻想到的是股票市場，或者債券、各種不同的投資組合，例如說股票、債券、房地產。所有投資都是要幹嘛？都是要產生未來的收入。當你買進某個股票，好比說，ＩＢＭ的股票，你會希望之後它上漲，超過當初你買的價錢，然後賣掉；或者你會期望賺到每年ＩＢＭ發給股東的股息，雖然可能只佔這家公司每年收益的一點點而已。到這裡各位都還能理解吧？房地產也是一樣：你買了一間房子，認為自己幾年後可以賣掉獲利；同時，你現在可以租出去，只要房客按時交房租，這樣你每個月還有租金的被動收入。如果你是開公司，製造產品，買了新的機器設備，可以用加快兩倍的速度製造、而且瑕疵品更少，那買新的機器設備就可以說是公司的一項投資。

你想問那模式是什麼，對吧？現在，我們來看看這個概念要怎麼延伸，其實我們一直都在這麼做，只是沒有從投資的角度去想而已。舉例來說，你會替小孩付錢，讓他們念大學或研究所。那為什麼你要每年付這麼多錢？因為你覺得值得。你會認為，你的兒子或女兒畢業後，擁有學位、又學得一技之長，可以有助於他們有更好的收入，比沒有大學文憑賺到比較多的錢。不過你可能也會懷疑，他們的學位到底值不值得：好比說，你的孩子說想要學喜馬拉雅籃子的編織，可是你聽說，機器更擅長製作這種籃子，使得所有這些可以賺錢的編織工作機會都沒了。這時候，你很可能就沒那麼想支付小孩念大學的學費了。當你在思考這些的時候，就是在做投資的決定，就像你在想把房子租出去或幫公司買生產的機器設備一樣。經濟學家甚至聲稱，教育的體驗是「對人力資本的投資」。[5]

這樣明白了吧，你可以投資自己，也可以投資別人。只要你覺得未來可以有好的回報，就可以投資。現在，這裡有個更大膽的想法：投資的回報不見得是在財務方面。你在教小孩游泳或騎腳踏車的時候，並不是因為孩子學會這些，將來就可以找到薪水不錯的工作。體驗比較像是這樣：當你花時間、花錢去體驗時，這些經歷不只是在當下讓你覺得很開心——它們還會不斷付給你股息，也就是我所說的「記憶股息」。

因為我們人類有記憶，所以體驗會產生股息。我們不是腦袋空空地展開一天的生活，不像很多科幻電影裡演的那樣。每天早晨我們醒來時，頭腦已經預先載入了一堆記憶，隨時可以取用——這主要是讓我們能在這世界上到處走動。當你眼前出現一個長方形的板子，上面有個圓形突出的球狀物，你不會問自己說：「這是什麼東西？」不會，因為你知道那是門。而且你知道要怎麼開那個門。你以前學過門是什麼，因而產生了大量的股息：想想你可以開得了的所有門！

這是個有點好笑的例子，但卻很真實地告訴了我們，記憶可以帶給我們什麼。它們是一種對我們未來自己的投資，會一直付給我們股息，讓我們生命更豐富充實。當你看到有人正在你家廚房泡咖啡，你不會對這個人一無所知，彷彿見到的是一個陌生人。你知道這是你愛的人，而且知道自己為什麼愛這個人。過去在你們關係中發生過的所有點點滴滴，所有以前講過的話與共同經歷過的事，組合起來就是現在你對這個人的感覺。

這跟你投資在體驗上頭是一樣的。當你在體驗時，在那個當下、那個瞬間你會覺得很快樂，同時你也形塑了記憶，讓自己以後可以重溫。這是人類得以活在當下的一個重要部分：不論是好是壞，你都可以重新感受當時體驗的感覺，而且往往不只一次。可能你聽到一首喜歡的歌、聞到某個熟悉的香味，或看到某張舊照片，突然間就勾起你的回憶，讓你重溫那個經歷。你想起的也許是自己的初吻，如果是很美好的經驗，那你可能會覺得心裡暖洋洋的。或者你會忍不住笑出來，因為當時你還帶著牙套，整個過程是尷尬又甜蜜。所以每一次當你想起這些當初的經歷，你就會又有額外的體驗，從心靈、感情方面，重溫了當時的這個體驗。

回憶帶來的快樂可能只有當初體驗時所感受到的一丁點，但是這些回憶加起來就成了你現在這個人。這是為什麼傑森，就是本章開頭講到的那個故事主角，不論給他什麼東西，他都不會刪除自己當背包客到歐洲各處旅行的回憶。這也是為什麼大家都會保存著相簿，而且也是為什麼，如果房子發生火災，大家在搶救自己財產之前，通常會先找相簿。在危急的時刻，人們會立刻醒悟過來，任何物質的東西都可以被取代，唯獨回憶是無可取代。

記憶股息是這麼有力量、這麼有價值，科技公司當然要從中賺錢，好創造數十億的財富。任何用過臉書或Google相簿的人，時不時都會看到「記得三年前的這一天」的訊息，還搭配著那天的照片。透過這項功能，這些公司利用了你的記憶股息，勾起你美好的回憶，讓你想要聯絡照片裡的那些人。整個過程會讓你很快樂——而且也讓你成為更忠實的用戶。在臉書跟其他類似社群網站出現之前，通常是我們的朋友跟家人開啟了「記得那時候……」的話題，但現今臉書扮演了這個角色，利用我們這麼重要的記憶股息賺錢。你自己也可以把記憶股息拿來利用，只是不是拿來變成錢——但這麼做的前提是，你必須要先創造有價值的記憶。

想一想自己曾度過的假期中，哪次最棒，而且假設那次是去了一整個禮拜。然後想想你回來後，花了多少時間跟朋友分享那次旅行的照片。另外再加上你跟一起去的人回憶這趟旅行的時間，還有你自己回想起的時間，或者對其他也想來趟類似旅程的人，你給他們建議的時間。這些重溫原本經歷的體驗，就是我說的股息——它們是你的記憶股息，而且會一直增加。事實上，當某些記憶不斷被重溫，所帶來的快樂，還更甚於最初的體驗本身。

所以花錢買體驗，不只是買體驗本身，也是買體驗能為你接下來這一生帶來的所有股息總值。

在你幫體驗打分數的時候（也就是評量你從體驗可以獲得多少快樂的量化方式），這點就可以非常清楚看出。還記得你可以用長條圖來顯示體驗的分數吧？好，現在來想一想，這個長條圖形只是顯示你一開始從某個體驗所感受到的快樂數值。由於有記憶股息，每一次你回想起那次的經歷就會有另一個小小的長條圖形出現。如果把這些小小的長條圖形加總起來，也就是把從那次體驗所一直獲得的記憶股息加起來，就可以得到第二個長條圖形，它很可能跟最初體驗時的長條圖形是一樣高（圖2）。

圖 2：以 7 年期間的滿足感曲線與其記憶股息為例

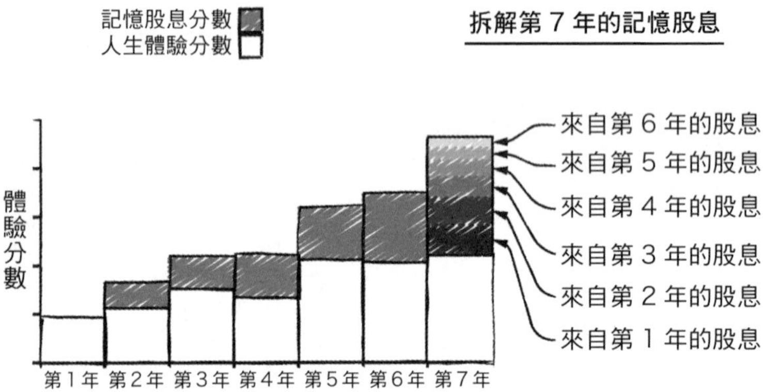

來自你記憶中的經驗會不斷以滿足感的形式出現：隨著時間推移，持續的記憶股息有時會帶來超出原本經驗的體驗分數。

實際上，有時候第二個長條圖形甚至還更高。這種情形會發生，其中一種方式是透過複利效應，就像把錢存在銀行一樣。由於複利效應，你存進去的錢不是只是加總起來而已——那些錢會開始如雪球般越滾越多。記憶股息也是一樣——它們也是可以、而且會產生複利效應。只要你跟其他人分享體驗的回憶，這個情形就會發生，因為每當你跟別人互動，分享自己經歷的體驗，這樣做本身就是一種體驗。在這過程中，你跟別人相互交流、開心笑著、讓彼此更親近、給出建議、提供協助、展現脆弱的一面——這些都是我們平常每天會做的事情。因為有體驗，我們不只自己人生過得更有趣、更帶勁，而且也會有更多的東西可以跟別人分享。那就像一個企業可以孕育出更多的企業單位。正向的體驗會以好的方式輻射與蔓延出去；它們會啟動連鎖效應，釋放出超乎你料想的能量。一加一會大於二。這是為什麼我說你應該要投資體驗的其中一個原因。

但是大部分的人不太習慣投資體驗的這個概念——要是我們真的是

在做投資的話，我們會過於偏重在投資在財務方面的回報。我的朋友保利（Pauli）就是個很好的例子。他前一陣子來問我的意見，因為他正在考慮要買一棟位於中美洲的別墅。我在這裡就不講那些金融方面咬文嚼字的術語——他在估算的是利率、減稅這些事情，還有其他考量，這些加在一起，就讓這件事似乎變成一個在投資上很困難的決定。我認為，他是從非常保守與傳統的角度在看這個投資機會：這是一個不錯的房地產投資嗎？意思是，在未來十年到十五年之後，我可以從這上面獲得不錯的金錢回報嗎？

我給我朋友的建議是，先跳脫這整個框架。我跟他說，先忘掉錢這件事，讓我們來想想，你可以從這個投資得到什麼。我提醒他說，我們年紀一樣，已不是年輕小伙子。所以你會用這個別墅來投資自己個人體驗的有多少？你預計多久會去那裡住一次，還有在那裡時，你要做什麼？如果你打算常常去那裡，而且會度過美好的假期，跟孩子更親近，與家人朋友度過難忘的時光，那我會覺得這是全世界最好的一筆投資。

但是如果你只是買下這個別墅，放在那裡，也沒拿來幹嘛，只是欣賞著自己的投資物業，那誰會在乎你有沒有從這上頭賺到百分之三的錢？從這海外的別墅獲利百分之三，既沒什麼特別，也沒對人生有什麼影響——它只不過是你可以去做的幾百萬種投資之一。這百分之三尤其在這個時候微不足道：你已經五十歲了，應該要更早開始投資才對。但是另一方面，投資在體驗上面，就真的可以改變你的人生，即使你已經五十歲。

我要跟各位說的是，保利就像很多投資房地產的人，想的只有在資產淨值上獲利，而不是在體驗上獲益。對我來說，這就是我常在碎念的同一類錯誤的翻版：一直賺錢、賺錢，同時卻忘了其實你賺錢的目的是要能夠花在體驗上面，而那些才構成你人生的真正樣貌。[6]

請各位想想：不論各位想要體驗的是學習、滑雪、看著孩子長大、旅行、跟朋友大啖美食、提出某個政治主張、參加現場音樂會、或其他幾萬億個體驗的組合，我們賺錢的目標是要獲得體驗。加上，由於記憶會產生股息，這些體驗會帶來某種報酬率，而就像財務方面的投資一樣，有時候報酬率是高得離譜。這是傑森在說不管付多少錢給他、他都不願意把歐洲的旅遊經驗刪除時，他真正要表達的意思。當然我們大部分的體驗並不是像傑森那種足以改變人生的經歷，這些體驗也不會讓我們從中獲得多驚人的報酬——而且它們也沒這個必要。不管是什麼體驗，我們都會從其中獲得回報，這就是我們會把錢花在體驗上的原因，也是我們之所以會投資金融商品的原因——讓我們的錢可以增加，而終極目標是可以有更多或更棒的人生體驗。

這點真的很重要，我要再三強調：很多人好像忘了這才是自己賺錢、存錢、投資的目的。當你問別人為什麼要存錢時，往往得到的回答都是為了以後退休。這我當然可以理解：我們都需要為了將來沒在賺錢時先存些錢跟投資理財。沒有人希望老的時候沒錢吃飯。但是這裡的重點是：既然賺錢的目的是獲得人生體驗，把錢拿去投資獲得了回報、然後獲得體驗，即是一種擁有體驗的循環方式。那為什麼不乾脆直接把錢投資在體驗上面——然後從體驗當中獲得回報?不僅如此，隨著年紀增長，你能夠真正親身擁有的體驗數量會越來越少。沒錯，你需要有錢才能在退休後養活自己，但是退休後你最仰賴的將會是你的回憶——所以一定要在這方面有充分的投資。

儘早開始、儘早開始、儘早開始

一旦你開始思考記憶股息，有一點就非常清楚明瞭:早點投資是值得的。越早開始投資，就有越長的時間可以獲得記憶股息。舉例來說，如果你是在二十幾歲(而非三十幾歲)開始投資，就會有記憶股息的長尾效益——所以更有可能你從長尾效益獲得的回報，超過最初體驗時那個難忘的高峰。顯然，當你越靠近人生盡頭才開始擁有美好的體驗，能獲得的記憶股息就越少。

所以，我說應該要投資體驗時，我的投資建議就是類似巴菲特說的那一套：儘早投資，然後到了某個年紀，你就會看到自己累積了多少。許多投資理財顧問會要你儘早啟動退休儲蓄計劃。很多投資建議也是這套：**儘早開始、儘早開始、儘早開始。**巴菲特與其他投資者是想要錢滾錢，我是想要最富足的人生；而我所謂的富足，是指在人生體驗、經歷、回憶上的富足——在你為了什麼要賺錢上面富足。所以整個概括來說，我的投資建議就是：投資你的人生體驗，而且儘早開始、儘早開始、儘早開始。

你或許會說，我根本都沒賺到什麼錢，哪有辦法儘早投資在體驗上頭？投資體驗不是指去花你沒有的錢。沒錯，一般來說，從體驗中獲得的快樂或滿足，是既需要用到時間，也要用到金錢。通常你花在體驗上的時間跟金錢越多，能獲得的滿足感就越大。但是當你還年輕、身強體壯、精力充沛的時候，即使不用花太多錢，也能從體驗當中獲得很大的快樂。（記得我朋友傑森的故事吧？他這輩子都會記得的經歷是他住在廉價的青年旅館跟在公園吃法國麵包。）所以在你還年輕、手上沒什麼錢的時候，我會建議去找找有沒有什麼免費、或只要花一點點錢就可以擁有的體驗。例如，市政府或當地政府用你的稅金、想替你住的城鎮聚集人氣而舉辦的戶外音樂會跟慶祝活動。或者你也可以這麼想，跟朋友在一起聊天、廝混、打牌或玩桌遊，就非常開心了。或者你住的城鎮有很多可以逛的地方，可以走路或搭乘大眾交通工具去探索。我們大多都沒有好好完全把握這些機會，讓自己可以免費或幾乎不用什麼錢就能玩得很盡興。至少我自己沒有，那你呢？

選擇你自己要去經歷的體驗

有些體驗是你非得要去經歷的才行，尤其是你在成長的階段。例如，你必須要去上學，還有在自然課上，老師叫你去解剖青蛙。你或許會說，我不要解剖青蛙。可是你的老師會說：「如果你不解剖青蛙，自然課你就不及格。」於是你只好說：「好吧，我來解剖青蛙。」這種時候你是沒什麼可以選擇的。但是等你成年了，就會有很多體驗要去選擇：你會開始去想，自己想要怎樣探索人生、如何幫自己決定把錢跟時間投資在哪裡，還有什麼時候要做這些投資。

很可惜的是，大部分的人並沒有好好利用這份自由。我們當然會自己做選擇，就某種程度而言，我們自己選擇從事的工作、喜歡的嗜好、往來的人際關係、度假的地方。但是我們多半靠慣性在生活：我們生活在這個世界，就彷彿像是有人已經幫我們規劃好要做什麼，我們也沒多想要怎麼花費自己的金錢與時間。

這點只要看看大家喝咖啡的習慣就可以很容易明白——喝咖啡是多麼常見的例子，還有人稱之為「拿鐵因子」。[7] 有太多人每天都要到咖啡店買杯咖啡，而且大家在這麼做的時候，並沒有想過，這些小確幸一整年下來、或經年累月下來，加起來可是要花掉不少錢。我不是要各位要放棄每天喝咖啡，好省下錢來「致富」。事實上，我最不希望各位身上錢很多，但卻沒享受人生。不過我想請大家想像一下，那些你每天花在買摩卡、拿鐵或星冰樂所累積起來的好幾萬塊錢，可以拿來去享受什麼體驗。

當然啦，每次講到這個，大家的反應都是，「我喜歡每天可以喝一杯星巴克咖啡」。那我還能說什麼？大家就是這麼感覺。但是我能夠說的、跟我真的要說的是：至少各位要瞭解到，喝星巴克咖啡的習慣是要花錢的。例如，你或許可以對自己這麼說：「花在買星巴克咖啡的錢，都夠我每隔幾個月買張來回機票到美國各地去玩了。所以我是寧可去買來回機票，還是繼續每天買咖啡來喝？」這答案在於你，但是如果你好好思索這個問題，審慎做決定，就代表你不是靠著慣性在生活。

好好決定要怎麼花你的金錢與時間，是充分善用你生命活力的核心要點。

建議

- 請記得，「儘早」說的是現在。在你想要儘早獲得的體驗當中，想想看從今天、這個月、或今年就適合開始去投資的是哪些。如果你非得現在就要有這些體驗，那請思考一下，現在沒有經歷這些體驗的話，會有什麼風險。
- 想想你希望和誰一起去體驗——還有，想像你儘早擁有這些體驗所能獲得的股息。
- 想想你可以怎樣積極提高自己的記憶股息？這會讓你在體驗的時候想多拍點照片嗎？還是找之前跟你一起共度快樂時光的人聚聚？或者把去玩的影片剪輯出來，或做成相簿？

第 3 章

為什麼死的時候要什麼都不剩？

法則＃3

以死前財產歸零為目標

使用自動駕駛開車很容易，這是為什麼我們會使用這項功能。可是如果你想要有個充實與圓滿的人生，而非選擇走最不費力的路徑，那麼慣性是無法提供你想要的東西。若要充分體驗人生，而非只是活著而已，你必須停止腦袋空空地開著車，積極地掌握人生的方向盤，往你想要的方向開去。我會一直重複強調這點：本書最重要的目標之一就是幫助各位認真地好好生活。這整本書會一直講到這個重點，因為像自動駕駛這樣的慣性，會影響到我們人生的好幾個面向，從怎樣賺錢到怎樣付錢給別人，都包括在內。每種自動駕駛會有各自耗費生命活力的方式，所以每種自動駕駛需要有不同的策略來降低這種損耗。本章的重點即是針對過度只想著賺錢存錢、不去體驗人生的這種想法，提出避免這種浪費生命活力的解決之道。

為了向各位說明，我想跟各位介紹一下約翰・阿諾德（John Arnold）這個人。他在成為億萬富翁之前，我們就已經認識了。之後，他創立了一家名為Centaurus的對沖基金公司，希望可以把自己在能源交易方面的專長轉換為財富，這樣就可以過著美好的人生。可是我跟著他一起在Centaurus工作時，卻看到這個美好的人生一直被擱在一旁，以換來賺進更多幾百萬的錢。有一天，在工作到身心俱疲的時候，約翰來跟我說：「如果我賺到一千五百萬美元，卻還繼續工作，你就一拳打在我臉上。」

當然，當他達成目標時，我並沒有打他一拳，他也繼續交易的工作。

約翰是個絕頂聰明的人。（人們稱他為「天然氣之王」，因為他的獲利無人能及。）約翰完全瞭解，到了某個時候，應該要花錢去做自己喜歡的事，而不是只是賺更多的錢——但是因為某種原因，他賺錢的數字目標一直在變動。等他累積賺到一千五百萬時，他並沒有辭職不幹。他的交易成績實在太好了，結果一千五百萬又變成了兩千五百萬，最後還變成了一億。當你一直接連都賺這麼多的時候，是很難停下來，即使你的理智告訴你應該要收手了。

約翰的生活並非全是工作——偶爾在重要節日時也會去旅行，但絕不是你想像中億萬富翁的那種豪華排場。其實隨著他的財富增加，他的休閒時間似乎是變得越來越少。他可能在想，如果我賺了更多的錢之後，就可以去做更多的事情，但事實上，他並沒有做更多的事。他還是繼續經營著Centaurus，甚至當他的資產淨值達到一億五千萬時，他也沒有辭職。其實到了二〇一〇年，他跟他太太所設立的慈善基金會，已經有七億一千一百萬的資產。他已經太有錢了，可以捐出去幾百萬。可是他還是繼續工作，即使他並不是真心喜歡自己的工作。當他在二〇一二年退休時，年僅三十八歲，可是個人擁有的財富已經超過四十億美元。

絕大多數的人都只能夢想著可以在三十八歲還算年輕的年紀退休，可是對約翰來說，這個年紀退休其實是晚了好幾年。為什麼。原因有兩個：一是他永遠無法把時間倒轉回到只忙著賺錢的那些年。他不可能再回到三十歲，他的孩子也不可能再回到小嬰孩的時期。二是他賺的錢太多了，結果現在面臨到像是電影《布魯斯特的百萬橫財》裡（Brewster's Millions）的問題：花掉財產的速度實在很難快得起來。他已經住在一棟豪宅裡了，而且這些年也做了很多他想做的事。

他不能把錢全都用完的原因之一，跟他的孩子有關：舉例來說，每週六請超人氣流行樂團魔力紅（Maroon 5）到自家後院開私人演唱會肯定會很享受，但他並不會做這種事，因為他不想寵壞自己的小孩。他決定要生養小孩，而這個決定限制了他可以怎樣花錢與時間。請記得，各位做的每個決定都會影響到後續其他的每個決定——而且要不要生小孩這樣的決定，是最常見的例子。

現在，約翰會說，如果他在賺到一千五百萬的時候就退休，那他就永遠不會賺到四十億了——這麼大一筆錢，足以讓他能夠對自己關心的社會議題產生更重大的影響力。這是真的一點也沒錯。不過約翰也是第一位承認自己工作過頭的人，他認為那使得他過了把這些錢發揮最大效用的時間點。那個時間點是他賺到二十億，還是十五億的時候？誰知道呢？不過我們肯定知道是在他賺到四十億之前。

你可能心想，約翰在賺這麼多錢的同時，應該也覺得很開心，而且還可以一直工作這麼久。或許他一直待在自己的交易辦公桌前，是因為進行交易所帶來的亢奮遠超過待在家裡做的任何事情。

可是，並不是這樣的，約翰並不是在工作與家庭之間刻意做選擇，也不是在工作賺錢與他可以用自己的財富、時間與才能做的其他幾百萬件事情之間做選擇。不是的。他一直工作是因為這已經成了他的習慣，就像抽菸的人，以前拿起菸來抽是因為年輕時想在女生面前裝酷。可是當年耍帥的小伙子已經追到女生了，為什麼現在還在抽菸？只因為已經變成菸癮，很難戒掉。對有些人而言，工作賺錢也是一樣——自己一直都在做的事情，就繼續做下去，這樣比較簡單，特別是你在做的事情一直會有回報給你（社會上普遍認定工作做得不錯的報酬就是錢）。一旦你習慣了工作賺錢的生活，那賺錢帶來的興奮感就會超過真正享受人生帶來的興奮感。

約翰當然是屬於極端的例子，而且他的情況是高階人士會有的問題縮影。但是他發現自己身處的狀況，並不是他一個人獨有，也不是那些超級富豪所獨有。有太多的人感覺自己永遠欲求不滿，而且隨著自己資產淨值增加，他們的目標一直在變動。但不論你是誰——是產業巨擘也好，或者只是普通上班族，有一點是一樣的：如果你把生命的每分每秒都用來賺錢，然後死的時候沒有把錢用完，那你就是白白浪費太多人生寶貴的時間。這些時間是絕對不可能倒轉回來。如果你死後留下一百萬美元，那就是你沒有經歷過的、價值一百萬美元的體驗。如果你死後留下五萬美元，那就是你沒有經歷過的、價值五萬美元的體驗。這根本不會是最好的人生。

浪費掉的生命活力：為什麼你可能在做白工？

或者我們用另一種方式來看：請想想你花在賺錢上的所有時數或生命活力，可是那些你賺來的錢卻都沒用到。以伊莉莎白為例（虛構的人物），她單身，四十五歲，在德州奧斯汀工作，年薪六萬美元。這樣的薪水在美國四十五歲的收入者來說，算是中上。[8]（在這個例子中，所有財務相關的數字都是已扣除通貨膨脹因素的實際數字。）伊莉莎白跟大多數人一樣，必須要繳交所得稅，包括社會安全與醫療保險稅，所以她每年的淨收入大約是 48,911 美元。[9]她工作勤奮，平均每週工作五十個小時，所以她每小時的收入淨值是19.56美元：這是她每個小時工作可以拿回家的錢。

她生活儉樸，所以大學畢業幾年後就還完學生貸款，然後在三十歲出頭就買了自己的房子，以當時在奧斯汀的房價來說是相對算低。目前她已經還清房屋貸款，所以這房子已經完全屬於她，如果她現在要出售，可以賣到四十五萬美元。

去年一整年，一如往常，她只花了32,911美元（因此存了一萬六美元）。伊莉莎白希望二十年後退休，所以她很認真把錢存入退休儲蓄計劃帳戶與銀行。她知道把錢存入退休儲蓄計劃帳戶很划算，因為存入的是扣稅前的錢，而她要繳的稅會比存到一般儲蓄帳戶低。有些雇主會提撥一定比例的錢到員工的退休儲蓄計劃帳戶，但這裡我們假設伊莉莎白的老闆沒有這麼做。伊莉莎白是在一家大公司上班，工作認真，所以她覺得很安穩，希望每年有微幅但穩定的調薪，直到自己退休。

不過為了讓這個例子更簡單易懂，我們假設她到退休前，扣除通貨膨脹因素後薪水都是維持一樣。假設因為之前要付房貸，她到了四十五歲才開始為了退休存錢。所以在她按照原訂計劃在六十五歲退休時，總共存了三十二萬美元（四十五歲到六十五歲共計二十年，以每年存一萬六美元來計算）。也就是說，她到了六十五歲時，她的資產淨值總共是七十七萬美元，其中三十二萬是存在不同的退休儲蓄帳戶，四十五萬是房子的總值（假設她的房子並沒有增值）。

七十七萬可以維持多久的退休生活？主要看她每年花費多少。根據人們實際退休支出的研究，每年的花費並不固定，而且通常後面幾年會越來越少（這我會扼要說明）。但為了說明簡單起見，我們假設伊莉莎白退休後每年花費三萬兩千美元，比她上班時每年的花費少大概一千塊。（這裡同樣也為了說明簡單起見，我們假設她退休後的投資收益就剛好相當於每年生活費用的上漲金額。）

以這樣的假設條件來看，她的存款可以維持二十四年以上的生活（七十七萬除以每年三萬二美元）。可是伊莉莎白並沒有再活二十四年：她在八十五歲那年過世，也就是她離開職場之後二十年過世。最後她還留下十三萬美元。

我跟各位舉這個例子，是想請各位好好想想，死後留下十三萬美元的真正代價是什麼，這其實是可怕的浪費。我先前說過，各位可以把錢換成是去經歷體驗，不論這十三萬可以為伊莉莎白買到什麼。光這點本身就令人覺得難過了，但還不只是這樣。若是以伊莉莎白的時薪來計算她所存下的錢，各位可以看出，她有多少花在工作上的時間，其實是不需要的。那有多少小時呢？我們把十三萬除以時薪 19.56 元，可以算出是 6,646 多個小時。這 6,646 多小時，伊莉莎白等於在為她其實永遠花不到的錢在工作。那是超過兩年半、每週工作五十小時的時間！**等於兩年半的時間都在做白工。**這是多麼地浪費生命。

如果我們假設她的存款利息大於通貨膨脹，而且有社會安全保險福利金的收入的話，那麼這些數字甚至還會更高。但是即使是在我們這麼保守的假設之下，她還是應該更早退休，或者要在這一生中多花一點錢。

你可能會說，伊莉莎白並不具有代表性。如果你是指，有些人在職場上淨賺的時薪還更高，那你說得是沒錯。所以對於那些收入更高的人而言，三萬塊美元並不代表有很多工作時數（或年數）是在做白工。可是有一點要注意：這些人最後死了留下的可不只有十三萬美元。工作時薪或年薪很高的人，有時候更是會一直工作賺錢。總之，不管是哪一種，他們都是在揮霍自己的生命活力。

你的收入或許比前面這些例子更高或更低。這都沒關係，因為結論還是一樣：如果不想浪費生命，各位就應該要致力在離世之前花掉自己所有的錢。

對我來說，這個邏輯毫無疑問是通的。或許是因為我受的是工程師的訓練，也或許這就是我當初選擇念工程的原因，但是我喜歡有效益，討厭浪費。而且我想不出還有什麼其他比浪費生命活力更糟的狀況。所以我完全認同要在死前讓財產全數歸零。我不是說死前就花到半毛錢也不剩，那樣可是會讓你陷入困境，而是儘量讓你花了這麼多時間、精力工作賺來的錢不要剩下太多。

我絕對不是第一個鼓吹「在死前讓財產歸零，是理性的生活方式」這個主張的人。早在一九五〇年代，有位名叫法蘭科・莫迪利安尼（Franco Modigliani）的經濟學家（後來他獲得諾貝爾經濟學獎），他提出過一個假說，也就是後來著名的生命週期假說（Life-Cycle Hypothesis，LCH）——它是討論人們在自己一生裡要如何安排花費與儲蓄，才能從自己的錢財當中獲得最大效益。他基本上認為，在人的一生中，要能夠充分善用自己的錢財，就必須像另一位經濟學者所說的，「在死的那一天財產歸零」。[10] 換句話說，如果你知道自己什麼時候會死，你就應該在要死的時候什麼都不剩——因為如果你不知道，就無法從自己財產當中獲得最大的享受（效益）。而且非常有可能你不知道自己何時會死，那怎麼辦呢？莫迪利安尼的答案很簡單：為了保險、同時又可以避免剩下沒必要的錢，只要想一般人可以活到的最大歲數。所以，從莫迪利安尼的觀點來看，一個理性的人會把錢財花在自己可以活到最老年紀的所有日子裡。

有的人確實試圖以這種理性、最大效益取向的方式過人生，但很多人不是。他們要麼存了太多錢，要麼就是存太少錢。要讓自己一生過得最充實、最圓滿，需要經過仔細思考跟規劃；只看短期利益（短視近利）、按著慣例（慣性）生活，是比做長期對自己有利的事情容易多了。這些傾向都會影響著我們當中的蚱蜢與螞蟻。短視近利通常是愛玩、亂花錢的蚱蜢會有的問題；慣性也同樣會讓勤奮的螞蟻受到打擊——尤其是到了人生後期，當盡守本分的儲蓄者必須突然要動用自己這麼辛勞存下的老本。行為經濟學家很瞭解，人們不會只因為某件事是合理就去做（在此狀況下，就是把「存錢」

轉為「不存錢」）。慣性是一種非常強大的力量。就像經濟學者赫許・謝弗林（Hersh Shefrin）與理察・塞勒（Richard Thaler）之前指出的，「很難教會一個老家族新的規則」。[11]

「死前財產歸零」（Die with Zero）讓我有了一個清楚且重要的目標，想要馬上進到下一個步驟，幫助各位思考如何真正達成這個目標。不過之前我曾經跟不少人討論過這些想法，我知道不能直接就跳到該怎麼做：因為同樣的問題與質疑會一直冒出來，我知道我不能忽略。所以我會先來回應大家常會提出的「要是……那該怎麼辦」疑問——如果你還能接受我這個「死前財產歸零」的價值觀與可能性，我們後面會繼續討論可以使用什麼工具，來幫助你達成目標。

「但我熱愛自己的工作」

當我說死後留下錢就等於浪費生命活力，或者等於白白幫人工作，會聽到有人說，這並不適用在他們身上，因為他們熱愛自己的工作。有些人甚至還會說，他們願意花錢，做自己喜歡的工作，我以前是很懷疑這點，直到後來我跟一位職業舞者交往（可不是脫衣舞孃！）才改觀。舞蹈是一個競爭極為激烈的領域，參加徵選的人遠多於到各地付費演出的機會，而且不像戲劇表演或其他競爭激烈的領域，你永遠無法靠跳舞致富，不論你是多麼成功。

儘管如此，為了要保有競爭力，你必須不斷上舞蹈課程，精進自己，還必須住在靠近舞蹈這個產業的核心地區，例如像紐約或洛杉磯這種生活消費昂貴的城市。所以大部分的舞者必須另外兼職，補貼生活，來維持自己對舞蹈的熱情。因此，是的，我能懂有些人熱愛自己的工作，把工作本身視為一種獲得成就感的生命體驗。我也覺得這樣很棒，我們都應該這麼好運才對！

不過即便是這樣，我還是認為他們最好還是要在死前讓財產歸零，以下是為什麼。首先，讓我們來看看他們說的理由，他們講的大致是這樣：如果工作本身就很有趣、能帶來成就感，那麼你工作賺來的錢只是附帶產生的，就像燃燒柴火後留下的灰燼。當你在升火時，你的目的不是要產生灰燼，而是想要有火帶來的溫暖與閃耀的火光，那些灰燼也只是恰好在這個過程中產生的。這沒任何損失，從自己熱愛的工作中賺錢當然也沒什麼損失。

可是重點是，即使把工作視為一種演出的人，如果把自己起碼某部分的時間花在體驗上（但不是工作賺錢的這種體驗），還是會比較好。就算你把舞蹈視如己命，但也不可能一天二十四小時、每天都樂在跳舞之中。而且等你到了四十、五十、六十歲時，你可能會想降低每週跳舞的時間，而不像

二、三十歲的時候花那麼多的時間。

當然很可能你並不想在年紀增長時降低工作時數——你或許真的還想繼續跳舞（或擔任律師、心理治療師，或任何你喜歡的職業），只要你還能夠做全職舞者，並且賺到錢。請自便！你只要確定有把賺來的錢花在自己覺得值得的事情上就好，例如參加頂級的旅行、舉辦更棒的派對、去看你喜歡的舞者現場演出。因為即使你時時刻刻都很投入在那份幫你帶來收入的工作，但是沒有用掉賺來的錢還是一種浪費。如果你喜歡打電玩，那就像你多了一命，然後決定把這多的命扔了——你只要讓瑪利歐跳下橋，而不是讓這小傢伙進到蘑菇王國即可。你會只因為對這多出來的命沒什麼指望就這麼做嗎？為什麼要採取這種來得容易、去得也快的態度？任何你獲得的錢也是一樣。「最大化你的人生體驗」，而且**不用管你的錢是從哪裡來**。不論你是從自己熱愛的工作所賺來的，或是從曾祖父那裡繼承來的也好；不論這些錢是追隨你的熱情所附帶產生的，或者你一出生就含著金湯匙也好。這些錢一旦給你了，就是你的錢，而且一旦是你的錢，就相當於你的生命時數，而你可以用來換取任何能讓你過著最好人生的東西。如果你把舞蹈視為生命，你也可以從舞蹈中獲取金錢，那就去吧，然後把錢花在跟舞蹈相關的體驗上：花大錢請最好的舞蹈老師來一對一上課（如果你覺得這值得），或者找人來打掃家裡，這樣你就可以用更多時間追求跳舞的夢想。千萬不要因為錢是辛苦賺來，就把錢放著，然後在那裡浪費掉。你的錢是怎麼來的並不會改變要最大化自己人生的演算方式。

可是……但是……

每當我提到「死前財產歸零」時，大部分人當下的反應都是很害怕，接著很快就會想到，死後留下錢並沒有浪費啊，因為可以留給繼承者，或是捐給慈善團體。其中最普遍的想法就是：「那孩子要怎麼辦？」

關於孩子的問題最常出現，而且也最多人會提到，所以值得用完整的一章來討論——實際上也是如此，只是加上了我對於捐給慈善團體的看法。不過現在，讓我先回答關於孩子的這個問題。

第一，是的，你當然可以把錢留給你關心的人與團體——但是事實是，這些人跟團體最好應該能儘早收到你的錢。何必要到等你死了以後？

第二，不論你要給別人多少錢，這些錢馬上就會變成他們的，不是你的。但是當我說死前財產歸零的時候，我講的是**你自己的**錢。不管你給孩子的是什麼，那些都會變成他們的了，所以不必去想要把錢留下來給他們。在後面「那孩子要怎麼辦？」的章節，各位會讀到更多關於如何用心規劃要留下什麼、給誰，還有在什麼時候給的內容。

接著我來談談害怕這件事。很多人都跟我說他們很害怕、甚至恐懼，自己在死前就把錢用完了。我懂。沒有人希望自己晚年一貧如洗，所以人們會為了將來儲蓄是天經地義。而且我沒說，各位不應該為了將來存錢。我說的是，大家存錢往往是為了晚年而存太多錢。大家會在當下苛待自己，而只在意以後自己已經很老很老的晚年——但是很可能我們根本活不到那麼老，然後才去享用那些錢。[12]

存太多錢的人

我是怎麼知道人們會為晚年存太多錢？我看過統計數據。如果去看根據年齡區分的資產淨值資料，就會發現大多數人會好幾十年一直在累積資產，而且大部分人一直到年紀很大時才開始花用。美國聯邦儲備委員會（Federal Reserve Board）追蹤過美國人在不同的人生階段如何儲備資產。[13] 例如，我們從近期美國消費者財務狀況調查（Survey of Consumer Finances）可以看到，美國四十五到五十四歲的家戶戶長中，資產淨值的中位數是124,200 美元。這代表此年齡層有一半的人所存的錢至少是超過 124,200

圖 3：各年齡層家戶戶長資產淨值中位數

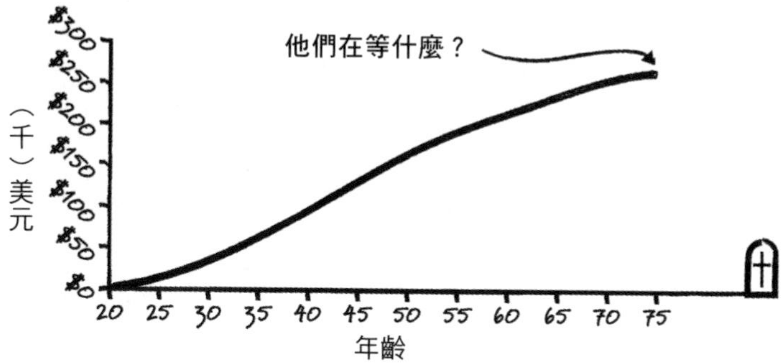

美國人的資產淨值中位數至少到 75 歲前都還在增長。

美元（而另一半是低於這個數字）；有些人是存超過這個數字，有些人則是低於這個數字（圖3）。在這個年齡層當中，比中位數更令人覺得特別的是整體的趨勢。與其他年齡層的資產淨值數字相較，可以發現一個清楚的模式：隨著人們年紀增長，資產淨值的中位數也隨之提高。

這很容易可以猜到箇中原因：人們的年收入會隨著年紀增加，而且會持續把沒花的錢存起來，因此存款就會一直增加。這就帶出了一個重點，因為每個人一生中都有個最佳的時間點，最能夠享受自己財富帶來的果實。問題是大家只知道一直存錢，往往錯過了那個最好的時間點。因此在美國六十五到七十四歲的家戶戶長中，資產淨值的中位數是224,100美元，比五十五到六十四歲的家戶戶長的中位數187,300美元還高。這真是太難以置信——七十幾歲的人還在為將來存錢！事實上，即使是七十幾歲這個年齡層、在中位數以上的人，也還沒開始花自己存的錢。美國七十五歲以上的家戶戶長當中，其資產淨值的中位數是264,800美元，是所有年齡層最高的。所以，隨著壽命的延長，數百萬的美國人還是留著自己辛苦賺來錢，一直到死了以後。沒錯，年紀大的人總是會因為預期醫療費用可能增加而存錢，可是各位很快就會看到，人們整體的花費也會隨著年齡降低，就算包括醫療費用也是如此。

其他資料也顯示同樣的趨勢。美國員工福利研究院（Employee Benefit

Research Institute）[14]在二〇一八年曾使用美國年長者財富（包括收入與財產）與花費的數據，研究人們在退休後的前二十年資產有怎樣的變化（研究者還加上「或者到離世前」，顯然在提醒讀者，不是每一個人都可以完整享受到二十年的退休生活。）換個說法就是，大家有在花用自己的錢財，還是大部分都是存下來？

以下是該研究一些重要的發現：

- 整體而言，人們是非常緩慢地花用（「提領」）自己的錢。
- 就各年齡層來看，不論是六十歲的退休者還是九十歲的退休者，家戶支出與家戶收入的中位數比率，大約都維持在1左右。這代表大家的花費一直都跟收入很接近，所以當收入減少時，花費也會跟著下降。這也是另一種方式可以看到，退休者並沒有真正大量花用他們所存下來的錢。
- 在較高資產者當中，退休前有五十萬或超過五十萬美元的人，在二十年後，或在過世時，他們花費的中位數只有11．8％。也就是說，有超過88％的錢是沒有花掉而留下來了，這意味著一個在六十五歲退休、存有五十萬美元的人，到了八十五歲時，手上竟然還留著四十四萬多的錢！

- 在較低資產者當中，退休時還存不到二十萬美元的人，會花費較高百分比的錢（你或許猜想到了，這是因為他們整體能夠花費的費用較少），但是這個族群的中位數者，他們在退休後十八年的花費也僅佔他們資產的四分之一而已。
- 三分之一的退休者其實在退休後資產還繼續在增加！他們的資產沒有緩慢或快速減少，而是一直在累積財富。
- 倚靠退休金的退休者——意思是他們退休後有受到保障的所得來源——在退休後的十八年間所花掉的資產（只有4％），遠少於沒有退休金的退休者（會花掉34％）。

所以很顯然，還在工作、會說自己是為了退休而存錢的人，等到自己真正退休時，卻並沒有真的花費那些用來退休的錢。他們肯定不會在死前讓財產歸零。這當中有些人很明顯甚至不會考慮在離世前要把錢都用完，特別是那些有退休金的人。比起其他人，有退休金的人更可以花用自己的存款，因為他們有穩固的收入，後半輩子不必擔心會沒錢過活。然而有趣的是，有退休金的人花用自己資產的百分比最低，可能因為根據數據顯示，他們一開始的錢就比較多。

那麼問題就是：為什麼退休者在年紀還沒太大、可以更充分享受人生時，不多多花用自己的錢？他們在等什麼？

這個問題有幾個答案：第一個，大家是真的願意花錢，但是一旦到了某個年紀，他們就發現自己想要跟需要的東西已經改變，或者可能需要或想要的不多。退休規劃的專家對於這種消費模式，甚至用以下的專門用語來稱呼：馬上行動（go-go years）、慢慢來（slow-go years）、不動（no-go years）這三個階段。15 這是指當你剛退休時，會巴不得立刻去體驗所有延到退休後才去做的事情，而且你這時大致上也還算健康，有體力可以去經歷這些體驗。這是馬上行動的階段。之後，通常是到了七十幾歲，你開始會慢下來，因為你的願望清單都已經實現，而且健康不如從前。然後到了八十歲或年紀更大時，不論這時你還有多少錢，你已經沒有什麼要去做的事。有位退休規劃顧問就說，「我爸八十六歲，他什麼地方都不想去，只會在家裡附近走走。」**16**

我本人也親身經歷過一樣的事情。我的祖母七十多歲時，我二十多歲。我那時剛開始當上交易員，非常高興地想要把賺到錢跟自己親愛的家人分享，我的祖母就是其中的一位。我給了她一萬美元的支票。現在看起來，這是一個很蠢的禮物，而且如果那時我有現在的認知，我應該會送給她一個真正難忘的體驗做為禮物。但那時我以為大家都知道給他們什麼最好。要是我的話，我會希望別人直接給我錢，所以我也是就這麼直接把錢給我祖母。

那時候我的祖母跟我媽住在一起，所以偶爾我會問我媽，祖母有沒有把錢拿去買什麼。結果我祖母根本半毛錢也沒花。她並不是手頭很緊，需要支付生活開銷帳單什麼的。她只是沒有什麼想要做的事。到了那年的聖誕節，她送了一個禮物給我：一件毛衣。直到現在，就我所知，那件毛衣（我猜大約五十美元）是她唯一用那一萬塊支票所買的東西。她並沒有從那一萬塊支票得到不斷遞增的喜悅，除了她送給我那件毛衣可能讓她覺得很快樂，或者知道自己孫子想要給她錢，讓她感到很開心。

但是不管如何，她就是沒法花那筆錢。她本身就非常節儉，會把每張長沙發、雙人沙發、搖椅都用塑膠套蓋著，防止家具磨損。當然很可惜的是，這些塑膠套讓家具變得很不舒服，看起來也不太美觀。某一天我回祖母家去參加某人葬禮，坐到一張很舒服、很新的沙發——原來她為了這個特別的場合把塑膠套拿掉了。可是下一次我回去時，塑膠套又重新套回去，就這麼一直套著直到她過世。我實在不懂，既然花了錢買這些家具，為什麼不好好享受？沙發上的塑膠套是個很小的例子，跟本書一直在談的這個主題非常相關：沒有意識到自己是在無限期延後享受。

你或許認為隨著年紀增長，人們花錢比較隨心所欲，會在真正為時已晚前想要充分享用自己的錢財。但其實剛好相反。整體看來，美國家戶的消費是隨著人們年紀增長而下降。舉例來說，美國勞工部勞動統計局（Bureau of Labor Statistics）曾做過一項「消費者支出調查」（Consumer Expenditure Survey），發現在二〇一七年，五十五到六十四歲的家戶戶長的年平均支出為六萬五千美元，六十五到七十四歲者則下滑到五萬五千美元，七十五及七十五歲以上者則繼續下滑到四萬兩千美元。[17]儘管醫療費用有增加，但整體支出還是下降，因為大部分其他的開銷，像是衣服和休閒娛樂的費用，其實下降更多。即使如此，根據摩根資產管理公司（J. P. Morgan Asset Management）以其五十萬名以上的客戶資料進行分析、所做的另外一項調查顯示，資產超過一百萬美元的退休人士，他們的支出隨著時間下滑得甚至更多。18

很多財務規劃師非常熟悉這種消費模式。在提供退休建議時，他們當場都會一直提到「慢慢來」跟「不動」的退休階段。但是關於消費支出下滑的訊息，一般大眾似乎並不清楚。而且如果你並沒有察覺到這個相當可以預測得到的模式，很可能你會（錯誤地）以為，自己從退休到離世可是有一直花錢去體驗。這也是你可能會存太多錢、卻沒有花用的一個原因。

極度謹慎小心

然而還有另一個更值得留意的原因，可以解釋為什麼人們習慣把錢都存起來，捨不得花，結果離世時錢都留了下來。有些人從來沒有好好想過要把所有的錢都拿去體驗人生，卻為了老年時無法預估的花費認真存錢，特別是醫療費用。人年紀大了難免健康狀況變差，而且越接近生命盡頭，醫療費用就越高。但是真正會花多少錢是很難預估：你會需要做心臟繞道手術嗎？好幾年的癌症治療？還是長年住在安養中心？

理論上，保險的用意就在於防範「天有不測風雲，人有旦夕禍福」。可是即使是有保險的人，有時候也會發現自己得付很高的醫療費用。這是因為自付額很高或藥的部分負擔很高，或者只是因為某種原因保險公司無法給付所導致。由於大家都希望即使生病了還是可以活下來，當然就會為了將來的醫療費用存錢，這是人之常情。而且如果這些醫療費用不確定會是多少，大家便傾向多存一點錢。[19]

可是就算把費用不確定的這個因素考量進去，很多人還是存了太多的錢。[20]我認為，那就跟去買一個外星機器人入侵地球的保險一樣蠢。那是說，假設有非常非常小的可能性，外星機器人會入侵地球，對我們的世界帶來浩劫，那你要蓋一個特別的避難所來保護自己安全嗎？我是寧可冒險碰碰運氣，把錢拿去換成更有用、更讓人快樂的東西。

為了自己將來的醫療費用存錢就很像那樣，即使說，沒錯，你需要高額醫療費用的可能性是遠遠大於你會看到全副武裝、頂尖聰明的外星人。坦白說，若需要用到的最昂貴的醫療照護，大部分人存的錢其實都還是不夠。舉例來說，癌症治療的費用，一年很輕易就超過五十萬美元。

或者假設你自付的醫療費用已經是每晚五萬美元了（我父親臨終時的住院費用就這麼多），那麼你存了一萬、五萬、或甚至二十五萬美元，又有什麼差別呢？是的，沒有差別，因為這額外花的五萬美元讓你多活了一個晚上，但這一個晚上就很可能花掉了你一整年工作賺來的錢！同樣的，不管是多少年存了二十五萬，五天內就化為烏有。我不是教各位積欠龐大的醫療費用，死都不要付錢給醫院。我想說的是，你並無法自己負擔那麼昂貴的臨終醫療照護費用；既然沒有保險給付的醫療費用會非常貴，那我們絕大多數人有沒有為了這個費用存錢就沒什麼差別。所以要麼是政府來負擔，要麼就是一命嗚呼。

不過，假設你不是絕大多數人之一，或者說，假設你是身價百萬或千萬，那又怎樣？就算我賺到的錢很多，多到可以存下足以讓自己在醫院多活幾個月的錢，但我不懂為什麼要這麼做，因為真正活著與只是維持生命徵象可說天差地別，而我絕對寧可把錢用在前者。所以我不會工作多年，把錢存下來，只為了靠呼吸器多活幾個月，這種生活品質幾乎是零，或者依照痛苦折磨的程度，可能甚至是負的。因此，與其努力「預防性儲蓄」，就像經濟學家對這種行為的稱呼，我會不管結果如何，就順其自然。我們都終將一死，但我寧願時候到了就死去，而不要犧牲自己美好的歲月，只為了在生命的尾聲多活一段時間。

此外，把這些醫療照護的錢花在前端（維持健康與預防疾病），會比花在尾端睿智多了，因為到最後的這個時候，你花的每分錢所獲得的效益都不大。其實很多保險公司的保險項目不只涵蓋像乳房攝影這類預防性的檢查，他們也非常相信疾病預防以長期來看是可以節省成本，而他們真的會付錢給你（例如給你禮金卡），讓你去做定期的篩檢和其他預防性的醫療。21 不管你做什麼，你都無法避免任何可能出現的疾病，但是你可以讓某些健康問題出現的可能性降低，一直享有比較好的生活品質。

這或許聽起來像是我在鼓吹大家只要把心力放在年輕時候就好，根本別管年老體衰時會怎樣。但這就誤會了我想要說的。雖然說為了年老時可以過得比較好，而犧牲現在的生活品質是不智之舉，但是我可以理解，人都會希望自己在年邁孱弱時受到良好的照顧。那麼你要如何確保，在自己需要長期照護時能獲得給付，而不必先存下一大筆錢，最後才發現自己根本不需要這筆看護費？請考慮長期照護險，或許你會發現，這花費比你想像的還少，特別是你在六十五歲前就投保的話。22

有一個更基本的重點我想要讓各位瞭解：任何一項你對未來會覺得擔心的事情，都有保險產品可以提供保護。這不是說我建議大家為每一件事都去買保險：因為買保險顯然也是要花錢。但是，既然保險公司願意為各種不同風險販賣保險產品，就代表這些風險是可以被量化，而且可以為不想冒這些風險的人排除。

我在本章中已經向各位說明，為何死前財產歸零是一個值得實踐的目標——這是一種可以防止生命活力被大大浪費的方式。但是要怎麼做？如果你跟大多數人一樣，那你還是會心存懷疑，不知道能否真的達成這個目標，特別是考量到不確定自己可以活多久。這個問題的答案會在下一章揭曉。

建議

- 如果你仍然擔心自己會抗拒死前財產歸零的概念，不妨試著找出這個心理上的抗拒是源自於哪裡。
- 如果你熱愛自己的工作，喜歡每天都去上班，建議去找找有沒有什麼方式，讓你可以在配合工作時間的狀況下，花錢去從事自己喜歡的活動。

第 4 章

如何花錢（才不會人還沒死就先沒錢）

法則＃4

運用各種工具幫你達成財產歸零

如果到目前為止，你都還贊同我所說的，那麼我假設你也同意，試著在死前讓財產歸零是個不錯的想法，至少原則上是這樣。但是你可能還是懷疑達成這個目標的可能性有多大。

你會懷疑是對的。事實上，要在死前讓所有財產剛好歸零是個不可能達成的目標。因為要達到這個目標，除非你準確知道自己什麼時候會死——

但我們沒有人是神，所以我們不知道自己哪天會死。

不過，雖然我們無法預測自己確切的死期，但不代表我們無法知道大概的時間。讓我來向各位解釋。你有用過壽命預測計算機嗎？很多保險公司會在他們的官網免費提供，我覺得可以去測試看看，好玩而已。這些計算機的確並不是很精準，不過為了要預測你可以活多久，它們會問你一些問題，包括你目前的年齡、性別、身高體重（BMI多少）、有沒有抽菸喝酒、以及其他與整體健康有關的重要預測因素。有些還會問你的家族史，以及開車是否使用安全帶。在你回答完所有問題之後，計算機通常會提供一個數字，例如94，表示你可以活到九十四歲！（或者55，如果你沒有減個四十公斤、不再豪飲、戒掉每一天一包菸的習慣的話。）

要推算出自己可以活多久，或許你覺得沒那麼有趣；那可能感覺有點變態，像是在規劃自己的喪禮或在人壽保險單上列出自己的保險受益人。你不必因為這是值得去做的事情而喜歡它。如果你不想用壽命預測計算機，那是你的選擇——那你就不要告訴我，你不知道自己可以活到幾歲，所以就拿這個理由拼命存錢，好像自己可以活到一百五十歲似的。

不管壽命預測計算機跑出來的數字是什麼，那都只是一個預估數字，是保險精算師算出來的，他們是保險公司聘請的專家，根據相關的統計資料來預測風險性。假如壽命預測計算機顯示出某個數字，你可以把它想成是根據與你大致類似的人的壽命，以經驗、專業知識等估算出來的數字。很多跟你類似的人早於這個平均年齡離世，也有很多人是晚於這個年齡。所以這是一個平均數字，而且是一個範圍。為了要反映出這個現實，有些壽命預測計算機會以機率來呈現預測的結果。例如，它們可能會顯示，你有百分之五十的機率可以活到九十二歲，百分之十的機率活到一百歲等等。這些機率是要告訴大家，預測一個人的壽命是一種不精確的科學。但是就算只知道可以活到某個年齡的機率，也強過什麼都不知道。如果你不知道自己什麼時候會死，你就沒辦法做出決定，那就永遠無法接近最最佳化的狀態。這意思是，如果你是這種謹慎的類型，你存錢、花錢的方式會像是自己可以活到一百五十歲——甚至是活到永遠一樣，就跟那些永遠不會動用到自己的本金、只靠著利息過活的人一樣。結果就是，你死了之後不是沒剩下什麼，而是留下很多很多錢：那代表你就浪費了很多生命時數去賺錢，可是卻完全沒有享用到。

至少知道自己大概何時會死，可以幫助你對於賺錢、存錢、花錢做出更好的決定。所以我極力主張，各位就去用壽命預測計算機去估算一下。

你可能會想，那要用哪個特定的計算機才好。我把這個問題拿去問美國精算師協會（Society of Actuaries），因為那裡都是真正的專家。但是他們不願意為特定的計算機背書。他們反而介紹我去他們自己的網站（soa.org），上面主要提供專業精算師可使用的工具。不過他們網站上有個非常方便的工具值得推薦給各位：The Longevity Illustrator（英文）（https://www.longevityillustrator.org）。你只要回答幾個問題，根據你的答案，它會提供一張圖表，顯示你在不同年紀死亡的機率。它的重點是在告訴你，你死前會把錢都用光的風險性有多少——但即使從最極端來看，你也會看到，你會活超過某個年齡的機率是多麼地低。

另一個方法是去問你的保險業務員，很多賣人壽保險的保險公司都會提供免費的線上計算機給大家使用。

如果你想要依據更多的健康因素來更準確估算出自己的壽命，就會需要回答更多健康與生活作息的問題。在 https://www.livingto100.com（英文）的網站上有一個這樣的工具可以使用，它是由專門研究特別長壽的醫生與專家所設計的計算機。

試了這些工具之後，你發現了什麼？如果你試了好幾種計算機，發現得出來的結果都一樣嗎？你有可能會比自己預期的更晚過世嗎？你在想或許要改變生活作息，或者幾年後再用計算機算一遍，看看結果如何嗎？這些都是好問題，思考這些問題是讓自己的花費發揮最大效益的第一步。

但是要怎麼做？假設我們希望死前讓財產歸零，而且假設要達到完全歸零的目標是不可能，那要怎樣才能趨近於零？還有，我們要如何因應人生的變數？

第一個你會面對到的就是不確定性。你也許會活得比自己預期的還久，這個可能性稱為長壽風險（longevity risk）。沒有人希望自己早死（而你早死的可能性稱為死亡風險，mortality risk），可是也沒有人希望自己人還沒死就先沒錢。（沒有錢的話，說好聽一點，你的生活品質就會大幅下降。）所以這兩邊都有不確定性：一邊是會活多久的預期，一邊是我們想要知道如何解決因為不確定性造成的財務缺口。

如前面所講的，針對這個問題，是有一些金融商品。我不是真的要跟大家推銷什麼金融商品，也沒有想討論相關的細節（我不是專家），但是在你判斷自己不適用死前讓財產歸零這個概念之前，有一些基本知識你真的必須要先瞭解。而且我不必是認證合格的財務顧問都可以告訴你這些基本知識——就好像我不必是汽車修理工人，也能告訴你，如果你要開車跨州旅行的話，你會需要一輛車。

你不會是個好保險業務員！

你或許已經知道有金融商品可以用來因應死亡的風險，也就是提早死亡的風險。當然，那就是人壽保險。人壽保險公司並不知道你哪天會死，就像你自己也不知道——但不管怎樣，他們還是會在你身故之後付保險金給你的受益人，不論你是何時離世。保險公司很確定可以這麼做，是因為他們同時有數以百萬計的客戶投保：當中有些投保者比平均年齡早過世，但有些人則是晚於平均年齡過世，所以兩邊的「錯估」加起來，就相互抵銷。這意味著保險公司不需要特別知道投保者何時會往生——他們只要知道他們所有保險客戶的預期壽命資料，確定自己可以付得出保險金、而且整體還能獲利，這樣就可以了。

能夠共同承擔這麼多人的風險，這種能力使得保險公司比起個人更有優勢。這是為什麼大家願意買各種的保險，而不會想要靠自己抵禦風險。你不會是個好保險業務員。

所以人壽保險是個選擇，可以幫助你面對死亡風險，而且有百分之六十的美國人都至少投保某種人壽保險。[23]不過比較少人知道，也有金融商品是可以用來因應長壽風險。由於很多人害怕離世前就把錢用完了，所以有個金融商品大家應該要瞭解一下。這類商品叫做收入年金保險（或簡稱年金險）。年金險基本上跟人壽保險剛好相反：你買人壽保險是花錢保護自己，對抗自己太早死亡的風險，而買年金險是花錢保護自己，對抗太老死亡的風險（還沒過世，錢就用完了）。

如果你不想聽我的講法，那麼請聽聽《紐約時報》「您的錢」專欄作者羅恩·李伯（Ron Lieber）怎麼說。「設計出年金險的保險公司常常讓年金險看起來像是投資商品，」他在最近一篇關於年金險的說明文章寫道。「但是其實它們比較像保險。」羅恩・李伯繼續寫道：「就像保險是要防範財務災難，年金險是讓你買了之後確保，你在活得更長壽的時候，不會把錢都用完。」24

事實上，把年金險想成是一種保險，會比把它想成是投資容易理解，因為做為一種投資，它們並不理想。投資並非是它們的目標——它們的目標是確保你不會遭遇到錢會用完的風險。

那它們是如何達到這個目標的？買年金險就表示你要先給保險公司一大筆錢，好比說，在六十歲時付五十萬美元，接下來你一輩子，不管你活了多久，每個月都保證有一筆給付額（例如每個月兩千四百美元）。跟所有的保險一樣，年金險不是免費的——保險公司還是要賺錢才能維持營運啊！——但如果你的目標是要用自己賺來的錢儘可能有最多的人生體驗，那麼年金險就是一個非常明智的解決方案。這有部分是因為即使扣除了保險公司的費用，你每個月獲得的保險金還是超過你大概願意付給自己的金額（在你希望確保自己不會老了沒錢用的前提下）。舉例來說，對於退休支出，一般最常見的基本算法是「4%法則」，也就是退休後每年的支出佔總存款的百分之四。有了年金險，你每年獲得的保險金有可能超過你投入年金保險金額的百分之四，而且跟4%法則不同的是，這些保險金保證會一直給付到你身故為止。

保險公司之所以可以提供你穩定且相當高的報酬率，是因為你沒有把錢留著（白白錯過應得的利潤）。你等於是放棄了自己的本金。以極端的例子來說，假設你在買了年金險的第二天就過世，你再也不會看到自己投保的錢，那些錢反倒是被拿去每月付給很幸運活到九十幾歲的陌生人（另一個買年金險的人）。從另一方面來看，若沒有年金險，你就被迫要自己保險——你要當自己的保險業務員。這不是一個好主意，因為你無法像大型保險公司裡的業務員，有能力承擔風險，抵銷掉兩邊的估算失誤。因此，如果你希望到離世之前經濟上都有保障，那你就必須先留有一筆很大的緩衝基金，可以涵蓋最壞的情況發生：你就得要存過多的錢，那代表你更有可能在臨死前會留下一筆可觀的錢。你等於是從沒享用到自己辛苦工作賺來的錢。所以要是你想自己當保險業務員，那就離最佳化的人生差遠了。還有，這就是為什麼你無法成為一個好保險業務員！

經濟學者大多認為年金險是一個因應長壽風險的合理方式，所以許多專家學者一直無法理解，為什麼多數人不買年金險——關於這個問題，經濟學家稱之為「年金之謎」。**25**

那我是在告訴各位要把所有的錢都拿去買年金保險嗎？當然不是。但我要說的是，對於要如何在死前讓財產歸零、可是又不會缺錢用的問題，是有解套的方法，而如果你連瞭解都不想瞭解的話，只會損及自己而已。

還有，請記得，我們的目標是儘可能減少大量的浪費。你能多接近達成這個目標，就取決於你個人對於風險的容忍度：如果你對於風險的容忍度很低——意思是，你連一丁點缺錢的可能性都無法接受——你要麼就是買個年金保險，要麼就是留著一筆緩衝基金自我保險。以目前看來，你會活到一百二十三歲的可能性極低。（現有紀錄活最久的人是位一百二十二歲又一百六十四天的女性。）但如果你是一個極端規避風險的人，那你就會留著一筆極大的緩衝基金，一直到你活過第一百二十三歲。

相反地，如果你覺得人生中有風險沒什麼大不了，那你就不需要本書，因為你可能已經在實踐死前財產歸零的概念。嗯，當然也不是全然如此——你還是需要本書，因為你如果太不把風險當回事，就會有錢會用完的危險。不過，一般而言，你對長壽風險的容忍度越高，你就越不需要緩衝基金。所以，如果你越願意承受風險，可能就比較不會浪費生命活力在工作賺錢、而這些賺來的錢你卻永遠花不到。

比方說，假設你的壽命預測是八十五歲，但你希望誤差值可以在百分之五或六。如果是這樣，或許你會想要為多活的那幾年存些錢：以這個例子來說，就是要足夠讓你生活到九十歲的錢。可是如果萬一你就是在八十五歲過世，你並不想浪費為那五年儲存的錢，你可以不要存那麼多錢，以免浪費（還可以從現在到離世的這段期間過得好一點）——只要你覺得這個風險你還承擔得起。

我並不是要告訴各位哪種才是對的選擇：風險的忍受度是一種很個人獨有的傾向。然而我希望各位知道，在思考自己對於風險的忍受度與出於盲目的恐懼行動之間，是有極大的差別。因此，你是可以去測試一下自己的預期壽命、考量自己對於風險的忍受度，然後計算一下你需要為將來多少年的生活儲蓄。但是這跟害怕錢會用完或想到自己的死期便嚇得半死、甚至逃避不去看這些數字，是不同的。如果你是帶著恐懼和逃避的心態活著，我敢說你要不是浪費掉自己的錢，就是為了保險起見過度儲蓄，結果最後就是把自己辛苦很多很多年賺來的錢留在死後——所以你會因為擺脫不了自己的恐懼，而被工作綁架無數年。

你要解決的問題是什麼？

請特別注意：年金保險非常複雜，有人還寫成專書來談。對於入門者，有分幾種不同的類型。此外，根據整體各項的因素，例如年齡、身體健康、所有的積蓄、對於風險的容忍度，你或許最好是完全不加以考慮，或者有不同的退休投資組合，而年金保險只是其中一項。

理財顧問能幫助你釐清這些事情——我可不是要責怪你不想好好去看專門談年金保險的書！不過你也不能完全一無所知。而且你還必須要很清楚知道，你要理財顧問做什麼。首先，你要知道，有些理財顧問不會特別想要介紹年金保險給你：如果你的理財顧問是從財務專家所謂的資產管理規模（assets under management）當中賺取某個百分比的費用，他們的目標就是幫你累積資產管理規模。他們最不希望你把所有的錢從幫你管理的投資組合中取走。畢竟對他們來說，年金保險是競爭對手。

但是假設你是跟收取費用的顧問合作，也就是你付一筆固定的費用給理財顧問，這類的顧問就不會刻意避開年金保險，也不會從賣你年金保險得到仲介費用。這樣很好，兩邊沒有利益衝突。你的顧問可以動腦幫你擬出一個規劃。但是你還是一開頭要明白告訴他們你的目標是什麼，你想要解決的問題是什麼。如果你家屋頂有問題，就不能找水電工。全世界最厲害的水電工也無法幫你修理屋頂漏水。同樣地，你的理財顧問可能是選股高手，但他們只能在儘量幫你變得有錢，而我們要幫你解決的是整體人生的滿足感。

讓我再說一次：**我們要幫你解決的是整體人生的滿足感。**

是的，本書的宗旨就是你應該要專注在最大化自己人生的快樂圓滿，而不是最大化自己的財富。這是兩種非常不同的目標。錢只是一種幫助你達到目標的工具：有了錢，可以幫助你達到享受人生這個更重要的目標。但是最大化財富其實是為了達成這個更重要的目標。

所以一定要把這個最終的目標謹記在心。把「最大化整體人生的滿足」當成座右銘，用它當成一切指引的方向，包括要你的理財顧問把目標放在什麼上面。如果你告訴理財顧問，你想要儘可能用自己的存款獲得人生的滿足感，又不至於在還沒離世前就把錢用完了，他們會幫你擬出一個計劃，達成你的心願。

我在本章一直在講的規劃，是要如何避免錢會用完，也就是如何不要花費超過你的儲蓄。但是那當然只是「要怎樣才能在死前財產歸零」這個問題的其中一半，另外一半是如何不要過度節省而浪費了你的生命活力。所以，你計劃怎樣使用自己的錢，才不會離世時留下一堆錢與無限的悔恨？以理財顧問的話術來說，你應該要怎樣規劃「消耗」這麼多年來你累積的錢財？我在第八章《瞭解自己的高峰》當中會完整解答這個問題，不過讓我在這裡為各位簡單預先說明一下。這要先從追蹤自己的身體健康情形開始，這樣你才知道何時開始要花的比賺的還多（就是何時要開始動用老本）。

這也意味著要去瞭解自己可能何時死期將至，以及每年維持生活的基本開銷是多少，因為這兩個數字放在一起會告訴你，從現在到離世這段期間，你最少需要多少錢才夠用。

這些錢之外，所有你的存款就是你必須積極花在享受人生體驗上的錢。我說「積極」是因為你的健康狀況會逐漸下滑，有興趣的事情也會漸漸減少，這代表當你年紀越來越大時，你能夠從事的活動也會越來越少，你的支出比率不會一直維持相同：如果你希望死前不要剩下什麼，並且在人生的每個重要階段都充分善用自己的錢財，那就必須在五十幾歲時花得比六十幾歲時多、在六十幾歲時花得比七十幾歲時多，更別說八十歲、九十歲的時候！《瞭解自己的高峰》這一章會進一步說明這些概念，並且會提供各位一些工具，靠自己本身、或藉由理財顧問的協助，來加以實踐。

最後倒數

跟所有生物一樣，人類是經過演化而生存下來。當然我們不只是想要活著而已；我相信，如果我問你，你是想要只是活著，還是想活得精彩，你一定會選擇活得精彩。但是受限於我們自身的生物機制，我們為了想要過最好生活所做的努力，往往不像生存的基本本能那樣來得自然而然或非常強烈。避免死亡是我們的首要選擇，而此一目標使得其他所有的一切都相形見絀。我的朋友庫柏・李奇（Cooper Richey）對這點有很棒的詮釋，他說：「人的大腦只要一想到死亡，就開始變得不理性起來。」人們都逃避死亡這個主題，表現得它好像永遠都不會來臨似的，而且有太多的人完全沒有為此做規劃。那只是我們將來走到生命盡頭時的某個神秘日期。

這種全盤的否認可以解釋為什麼有那麼多人願意花數以千計或數以萬計的錢，只為了多延長幾週的生命。請想想：這些錢可是他們花了好多年或數十年工作賺來的。他們在**身體健康**、**活力十足**的時候放棄了自己人生的**好幾年**時光，只為了在自己**生病不能動**的時候有錢可以多延長**幾週**的生命。如果這不算是不理性，那我真不知道什麼才是！

誠然，你只要一死，錢對你就完全沒有任何價值了，這是為什麼我說你應該要在死前讓財產歸零。因為這個緣故，你在接近人生盡頭時，把所有自己剩下的錢都拿去稍稍延長生命，也不算不理性。在那個時刻，錢不用掉，也會沒了。就如三位重量級的經濟學家所寫的，「當死後留下錢也沒什麼用了，那把錢都花在徒勞無益的醫療照護上也是合情合理。」[26]

但這樣的論點只有在這時候才是對的：你完全沒有規劃，結果現在發現自己想要扭轉劣勢。那為什麼你要讓自己陷入這樣的劣勢當中呢？當然不是故意，這點可以確定。如果你沒有在時間到了之前理性思考，而且是在身體還健康的時候做好規劃，那你永遠不會瞭解這個重要之處：因為在生命倒數的最後幾個禮拜，才來計劃怎樣把一大部分財產花掉，是絕對不可能的，完全是不理性的。

可是問題來了：大家甚至連死期都還沒接近，就非常不理性地看待死亡了。這是為什麼人們在還沒離世前就已經放大了錢會花完的恐懼：大到驅使很多人為了遙遠的未來過度儲蓄，結果無法儘可能享受當下的人生。

但是每個人終將會死亡與衰老，所以你未來死亡的日期應該會影響你現在的所作所為。讓我們一步一步來思考，先從最極端的情況來想：如果你知道自己明天就會死，你今天的行為舉止與所作所為必然會明顯改變，或許甚至有一百八十度的轉變。現在來想下一個——如果你兩天之後就要死了，你的行為也會有一些改變，但比起你還有五十年或七十五年可活，那改變還是強烈的不同。現在來想想，如果你知道自己三天之後就要離世了，你的行為會有怎樣的改變。要是還有三百六十五天呢？然後想像，像這樣一直接著想下去，直到你還有一萬四千天、兩萬五千天，或任何你大概會活到的天數。請注意這樣思考下去會如何連結到你確切的離世日期，並改變你的計劃。

還有請注意，我不是要各位把每一天當作生命最後一天而活。我們還是得在活在當下與為將來規劃之間取得平衡，而且當你把死亡的日期加以變動，這個平衡就會逐漸傾斜：當死期越近，你就得更刻不容緩；當死期越遠，你還可以、也應該更好好為將來打算。但是如果我們根本都不去檢視自己的死亡日期，我們的所作所為就會像是可以活到永遠那樣——那我們就完全沒辦法達到接近正確的平衡。

儘管如此，去想死亡的事情總是令人難過，所以我們才會逃避，不願去想，而且表現得彷彿死亡永遠不會降臨。我們總是拖延人生的美好享受，好像我們可以輕易地把這些自己一延再延的體驗都塞到生命的最後一個月裡去享受。不用說，這是不可能的，完全沒道理。

我知道這些聽起來很討厭，讓人覺得很不舒服，但是我其實已經開始使用一種應用程式，從我預估的死亡日期開始倒數還有多少天（有年月日等）

[27]，我還極力推薦給我的朋友們使用。是的，我可以瞭解這種應用程式會多令人不安，但是這種死期的提醒會帶來一種生命中亟需的迫切性。

舉例來說，當我看到我還剩下多少個星期可活，就等於在提醒我，我還有多少個週末可過。看到還有多少年可活，就提醒我，我就只有這麼多個聖誕節可過了，或說就只有這麼多夏天或秋天。這種當頭棒喝般的提醒改變了我的想法跟我要做的事情，像是向人伸出援手，還有常常告訴對方我愛你。倒數計時讓我更能夠對抗自己的慣性本能，不會把死亡當成永遠都不會存在，死亡，當然是存在的。事實上，在後面的章節我會談到，我們在最後的死亡來臨之前，都已經死過無數次了。而倒數計時是一種工具，可以幫助我們更把這個事實放在心上，好好過人生。

我想跟各位說的是，死前財產歸零不只是跟錢有關：也跟時間有關。請開始多多想想你要怎麼利用自己有限的時間、生命活力，儘可能順利地過著最充實的人生。

建議

- 如果你很擔心在死之前錢就用完，那麼不妨花點時間，去瞭解年金保險是否是一個可行的解決辦法。

第 5 章

那孩子怎麼辦？

法則＃5 在最能發揮作用的時候把錢給孩子或慈善團體

每一次我提到死前讓財產歸零時，都會有人問這個同樣的問題：那孩子怎麼辦？不論我是對著誰講，這個問題必定會出現。

這個問題有好幾種不同的版本，甚至還帶有說教、犧牲自我的意味。有人真的跟我說：「嗯，那是沒有小孩的人才會這樣說⋯⋯。」就算知道我有小孩（我有兩個女兒），他們還是會暗示著說，死前讓財產歸零完全是一種自私的行為。不論他們是怎麼說的，絕大多數人在講孩子要怎麼辦的意思都是這個：打算死前讓財產歸零或許對於只考慮到自己的人很不錯，但是難道你不應該也要關心自己小孩未來的幸福嗎？因為如果你除了自己以外，還在意某個人，就不會死前讓財產歸零。你會確保把錢留給孩子。他們想要表達的是，如果死前讓財產歸零是只適合自私混蛋的信念，那就不可能適合像他們這樣高尚、充滿關愛的人。

這種自以為高人一等的論調，我真的從太多人身上聽到，覺得很不能忍受，因為實在太虛偽了。往往，會認為死前讓財產歸零對孩子不利的人，並不是真心把自己的孩子放在首位，而是根本可有可無。為什麼我這麼說？讓我用一個例子說明，這是我跟自己最要好的朋友之間常會出現的對話。

每當某位好友提出「那孩子怎麼辦？」這個無可避免的問題時，我會先解釋說，你要留給孩子的錢，並**不是**你的錢。所以，我在說你應該要死前讓財產歸零時，我的意思並不是這樣：「死前讓財產歸零，並且花光你孩子的錢。」我要說的是：「花光**你的**錢。」也就是說，不論你已經分配好要給自己孩子什麼，在死之前就給他們。為什麼要等你死了之後呢？

請記得，這些是我跟自己最要好的朋友在講的話，而且我們常常互罵對方在胡說八道。所以我就直接跟他們說：「聽你在鬼扯！你有幫小孩弄信託基金嗎？裡頭設定多少錢？什麼時候分配？你有想過這些事情嗎？還是你只是人云亦云而已？」

各位瞭解我說的嗎？如果你真的是把小孩放第一，就像你說的那樣，就不要等到死了以後才顯示自己的慷慨大方。（我愛說死人無法給錢——死了就無法做什麼。）「把你的孩子放第一」代表你會提早給他們，而且你會審慎計劃好，確保是在最能發揮作用的時候，把你要給孩子的東西給他們。如果你有小孩，真正死前讓財產歸零的計劃也會將孩子包含在內。那樣的話，你就已經把給孩子的錢從你的錢分割出去了（你就不能動用了），而你的錢就必須在死前花到精光。這是我對於孩子要怎麼辦這個問題的簡短回答，本章其他部分會完整解釋。

臨終時分錢：關於遺產問題

在養育孩子時，大家都會說，要是計劃死前讓財產歸零，那就不會有遺產——孩子得不到遺產，那孩子會很慘。荒謬的是，會說這種話的人也是主張要為了退休儘量存錢的人，因為你不知道自己什麼時候會離世。那麼，如果不知道自己什麼時候會死，又很擔心孩子的話，為什麼要等到不可知的那一天，才讓自己的後代得到你想要給他們的東西？實際上，你怎麼確定等到你死的時候，你的孩子也都還在世？

這就是關於遺產的問題：你把太多可能留給機運。請記住，生命是極為變化無常的。不管你要留給子孫的是多少，要非常夠幸運才能讓這些錢剛好在繼承者最需要的時候得到。更有可能的是，這些錢往往來得太晚，錯過了最能影響繼承者生活品質的時機。

你或許在想，一般人最常會在幾歲獲得遺產？根據美國聯準會（Federal Reserve Board）的追蹤調查發現，不管是看哪個收入族群，最多「遺產繼承者」的年齡是落在六十歲左右。28 換句話說，如果你要賭一個人大概什麼時候會得到遺產——假設除了知道對方有繼承資格之外，其他什麼你都不知道——那六十歲就是你最好的賭注。（該調查指出，一般人常見的壽命為八十歲，而一般父母與兒女的歲數差距通常為二十歲，所以理所當然會是六十歲這個結果。）

當然，除了六十歲這個高峰之外，也會向前後歲數延伸——很多人是在六十歲之前得到遺產，也有很多人是在六十歲之後才得到。整體而言，這個數據顯示出一個大致正常（鐘形）的分布。所以，相對於每一百個在四十歲繼承遺產的人（就是在繼承遺產高峰前的二十年），每一百個在六十歲之後繼承遺產的人更多，有些人甚至是在七十幾歲才獲得遺產！一般來說，父母親活得越久，孩子從父母那裡獲得遺產時的年紀就越大。這其實就意味著

圖 4：按不同所得層級劃分的遺產繼承機率

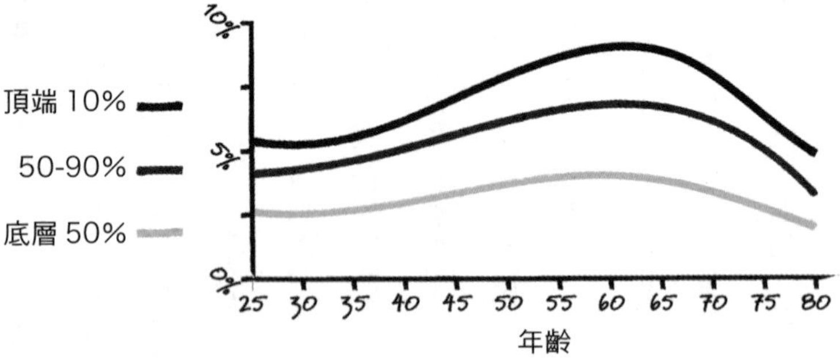

在不同所得層級中，有最高機率獲得遺產的年齡大約都是 60 歲上下（2013-2016）。

很多人是在非常老的時候才得到遺產（圖4）。

這樣的結果就是：如果你等到死了才要讓孩子得到自己的錢財，那你就是聽天由命，任憑事情發展。我稱此為「三不」——**不確定會給多少、不確定什麼時候給、不確定會給誰**（因為誰知道當你往生的時候，哪個繼承者還活著？）這麼多的不確定怎麼稱得上關愛？這根本是關愛的相反：把所有的後果都任憑機運決定，代表你顯然並不在乎自己花了好多年時間為未來不確定是誰繼承而工作，也代表你不在乎這些你最親愛的人真正得到遺產是什麼時候、分到的又有多少。事實上，把這些事情都任憑機運決定，甚至還會增加這個可能性：不管你要給孩子的是什麼，都太晚了，而無法為孩子的人生帶來什麼益處。

協助我進行研究、撰寫本書的瑪莉娜．克拉科夫斯基（Marina Krakovsky），曾讀到一篇文章，裡面講到有位女性儘管母親非常有錢，但她自己仍深陷財務窘境。29 瑪莉娜找到了這位女性，以下是她的訪查：

維吉尼亞．柯林（Virginia Colin）離婚後，多年來一直生活拮据。她的前夫完全沒有負擔養育孩子的錢，她全靠自己扶養四個小孩，如她所說的，生活「幾乎處於赤貧邊緣」。她後來還是再婚了，能夠保有一個還不錯的兼職工作，有穩定的收入。當維吉尼亞四十九歲時，她七十六歲的母親過世，留給她一大筆遺產：維吉尼亞還有其他四個兄弟姐妹，每人分得十三萬美元。「我認為，六十五萬美元是一個人財產免徵遺產稅的最大額度。」維吉尼亞指出，暗示自己父母很可能累積的財產是超過他們遺贈給維吉尼亞跟她手足的所有錢。

這十三萬的意外之財當然讓人高興，這是毫無疑問的。「但是如果可以早一點得到，就會更有價值了，」現年六十八歲的維吉尼亞說。「我現在已經不再是一貧如洗，我們不富有，只算過著還不錯的中下階層生活。」這筆錢此時看起來比較像是一大筆分紅，而若是在一、二十年前得到，就會是救命的錢。**30**

多麼令人悲傷的狀況：有人這麼多年來只能勉強養活自己跟小孩，而她的父母卻非常有錢，但是就像其他很多人一樣，他們只想等到死後才要把錢給女兒。

維吉尼亞的父母已經不在了，所以我們只能猜想，他們如果聽到我說要在死前讓財產歸零時會有什麼反應。如果他們和大部分我跟他們聊過這個概念的人一樣，很可能他們會說：「但孩子要怎麼辦？」

要有行動，不要空口說白話

我知道我在說這些的時候口氣有些嚴厲。我的目的不是在指責別人虛偽。大多數人對自己跟自己的孩子都是心懷善意，而且如果他們虛偽，也只是因為他們沒有將這些善意付諸行動。真的，你一定會說這樣，但做的卻是別樣，不論這個言行不一到底是不是刻意的。舉例來說，在你的內心深處，你想要好好享受自己的空閒時光，但其實卻是花了很多時間在查看工作信件。或者你說希望給孩子安穩的生活，但最後你卻任憑機運決定你的孩子是否可以真正從你這邊獲得什麼、還有得到多少。

而死前讓財產歸零的這種方式，可以確保你有將善意付諸行動，表現出來。這是一個更周延的方式，從字面上的兩層意義可以看得出來：它同時既是很嚴肅的，也充滿關愛。當涉及到子女時，死前讓財產歸零的這個方式，由於是把孩子放在首位、特別思考過要留給孩子多少錢，以及在離世前做到，所以顯現出是有經過周延的考量。

這跟美國許多人（也許不是絕大多數人）在處理給孩子錢這個問題的方式是截然不同。是有些人不會等到自己死了之後才把錢轉給孩子，但是這些被經濟學家稱為「體內」（活著的人之間）的轉移，只佔所有財產轉移的一小部分而已。在一九八九至二〇〇七年之間，接受某種類型的財產轉移的家庭當中，絕大多數者（大約在百分之八十到九十之間，要看是在哪一年）獲得的都是遺產。[31]（我比較希望這個百分比是零，但是以現實來說，百分之二十我覺得也還可以，因為有些人過世得早。）還有，這些遺贈者是否真的想要留給他們的繼承者這麼多錢，也沒人弄得清楚。

研究遺產資料的經濟學者提到，當人們把錢留給自己的孩子跟孫兒時，他們的動機似乎混雜了有意與無意。有意的部分是指，你給錢是因為你希望自己孩子可以得到一定數量的錢。無意的部分則是因為預防性儲蓄而隨機產生的遺留物——例如，某個人為了將來意料之外的醫療費用存錢，但是最後並沒有花完這些錢便過世，孩子便可以獲得這些遺留下來的錢財。而當經濟學家在檢視實際的遺贈資料時，是很難辨別有任何特定的遺贈是刻意為之，還是不是。[32] 這是因為到最後，這兩種類型的遺贈看起來都一樣。你只知道，某一個還活著的人從一個已死的人的遺產中獲得了一定數量的錢財。

不僅是經濟學家和接受者無法分辨什麼是有意的、什麼是無意的，讓我困惑的是，遺贈者自己在這件事上面也不是真的很清楚。我這麼說是因為如果你清楚自己的意圖，就不會在遺贈中把特意送人的禮物和非特意送人的禮物（剩餘的錢）混淆在一起。相反地，你會弄清楚你想給什麼，而且你會**早在死之前**就給。你想讓你的女兒得到你五萬美元的財產，還是只得到兩萬美元？無論金額是多少，如果你是真心想要給她，那麼我鼓勵你就真的給她這個金額，把你的心意化為實際行動，積極表現出來。對你的孩子要用心，就像我敦促你對自己要用心（要特別思考）一樣。要有行動，不要只是說說而已。

理性思考的敵人：慣性和恐懼

為什麼沒有更多人在考慮到自己孩子和餽贈財產時採取更積極的行動？其中一個原因就是慣性，這剛好跟積極行動相反。慣性讓人覺得輕鬆，而且你旁邊大多數人都這麼做。因此，當你看著周圍的人，做別人也在做的事時，就會像其他人一樣習以為常地生活著。事實上，你甚至可能沒有意識到你正在這樣做。可悲的是，許多人明明可以對自己的人生可以多加思考，但卻沒那麼做，也因此他們明明可以為自己孩子多想想，但也沒那麼做。

可是，就算你真的停下來，去想怎樣才對孩子好，而且真心為他們著想，但還是必須克服另一股非常強大的力量：恐懼，因為它會阻礙你理性思考和積極行動。這正是讓維吉尼亞．柯林的父母在她處於貧困邊緣時沒有在財務上伸出援手的原因。「我爸爸是德國移民的兒子，成長於大蕭條時期，」維吉尼亞解釋說，「他害怕錢不夠，即使他們已經很富足了。他們擔心萬一生了很嚴重、要花很多錢的病該怎麼辦？」

結果，維吉尼亞的父親活到了九十多歲，比維吉尼亞的母親還長壽。儘管他有一些重大疾病，私人保險和醫療保險也已支付了大部分的費用。

我知道事後諸葛很容易。也許她父親只是很幸運。要是他罹患的是花費特別昂貴的疾病，像是阿茲海默症，通常需要長期照護，所費不訾，那該怎麼辦？難道他不需要自己的存款來支付嗎？如前面所述，如果這是迫使你不斷存錢、再存錢的主要原因，請記住，你可以買長期照護保險，其費用遠低於為可能永遠不會到來的危機而存下大量金錢的自我保險。它就跟任何其他類型的保險一樣。

不管怎樣，維吉尼亞從她父母的身上學到：不要等到死了才把錢拿出來。她有五個孩子和繼子女，年齡從二十九到四十三歲不等，她和丈夫堅持根據他們的需要，提早把錢分給他們。「如果你在三十歲時得到一筆錢，」她很明確指出，「你可以買一間不錯的房子，在你想要養育自己孩子的環境中養育他們，而不必像我那樣拮据度日。」

時間點最重要

維吉尼亞要說的是，時間點是關鍵。我們已經確定，等到離世後不是最佳時機，那什麼時候是把錢給孩子的最佳時機？

當然，要說什麼時候是次好的時間點，會比較容易。大多數人如果有財產要分給孩子，不可能在小孩才十二歲、甚至十六歲時就給他們。很明顯，兒童和大多數青少年都太年輕，無法管理錢財。

但是，也不是說越晚給越好。我不想說到哪個年齡才給孩子錢會太晚（因為不管多晚，總比沒有好）——但六十歲比五十歲糟，五十歲比四十歲糟。為什麼？因為一個人從餽贈當中獲得真正快樂的能力會隨著年齡增長而下降。原因就跟以下這點是一樣：過了某個年紀之後，你把錢轉化為享樂體驗的能力會逐漸下降。而對於各式各樣的活動，你需要身心狀態至少都還不錯，才能好好享受其中。

因此，舉例來說，如果金錢的效用（有用或可以帶來快樂）在三十歲時達到高峰，那麼在三十歲時，每一塊錢可以買到價值一塊錢的享受。到了五十歲，金錢的效用已經大幅下降；這意味著，要麼你從同樣的一塊錢中得到的享受少了很多，要麼你需要更多的錢（比如一塊半美元），才能獲得與你在三十歲、身體健康、充滿活力時的一塊錢相同的享受。出於同樣的原因，隨著你的成年子女年紀越來越大，你給他們的每一塊錢的效用也會越來越低，而且在某個時間點，這些錢對他們來說幾乎是無用了。

讓我們看一個更具體的例子，來幫助大家瞭解。假設你不理會我提倡在死前把錢給孩子的建議，你想走比較傳統的路線，在死後才留下一些錢給孩子。現在，假如你的預期壽命是八十六歲，而你最大的孩子比你小二十八歲——所以當你死後他們繼承遺產時，他們將是五十八歲。就這一點來看，他們已經過了從這些錢中獲取享受的高峰期。雖然我不知道這個高峰期確切會是在哪個年齡，但根據我對人類生理和心理成長的瞭解，二十六到三十五歲似乎是比較好，而五十八歲顯然已經過了最佳時間點。

實際上，我最近在推特上做了一個非正式的調查，我問大家獲得遺產這種意外之財的理想年齡是何時，結果大多數人都同意，二十六到三十五歲是最理想：在對這個問題投票的三千五百多人中，很少有人（只有百分之六）說他們繼承遺產的理想年齡是四十六歲以上。得票超過一半、明顯最高的是二十六到三十五歲的年齡。另有百分之二十九的票數是選三十六至四十五歲。為什麼呢？嗯，有些人提到了金錢的時間價值和複利的效益，暗指越早拿到錢越好。另一方面，不少人指出，太年輕得到錢，會有人還不夠成熟的問題。除了這兩個問題，我還想加上健康因素：在健康情況開始不可避免地衰退之前，你總是能從錢獲得更多的價值。底線在哪裡？二十六到三十五歲是綜合所有這些考慮因素的最佳時間點：在這個階段，年紀夠大到可以信任他們、把錢給他們，但又足夠年輕，可以充分享受錢帶來的益處。

我想要說的是，人們說自己想要怎樣與美國遺產資料顯示大多數人實際得到的，兩者之間有極大差異。你不可能一直都得到自己想要的東西——但我是對著你這位未來的餽贈者在說。如果你有能力把錢給自己的孩子，那麼你就有權力控制他們何時收到錢。所以不要浪費這個機會！無論你要給你的繼承者什麼，只要超過他們接收的最好年紀，對他們的價值就會降低。如果你希望你給的錢能發揮最大的影響力——而非只是最大化你給的絕對金額——那麼你的目標應該是儘可能在受贈者的高峰期給他們錢。

儘管你可能不同意我說，要在孩子對的年紀開始把財產交給你的孩子，但是即便如此，你也必須承認，隨著時間的推移，你的財產對後代子孫的價值會越來越低。就從最極端的情況來看——例如，你在活了很久之後留下錢的情況。一直等著，然後把錢留給一個七十六歲的老人有意義嗎？不，大多數人會說那太老了。（我的朋友貝爾德有一個七十六歲的母親，她知道在自己死掉之前不能亂花自己的錢，結果，她最近一次旅行只去了五天，還嫌太久，應該少去兩天。由於她的錢對她來說用途有限，她老想把錢給已經五十歲的貝爾德——但到了這個時候，貝爾德真的再也不需要這些錢了！）

不論我們在講的是父母還是孩子，最佳化人生的原則都是一樣——例如金錢的價值下降——適用於每個人。如果你的目標是從人生得到最大的滿足，那麼你想使你的孩子從他們人生中得到最大的滿足也是理所當然。因此，如果你想最充分善用你給孩子的禮物，就必須考慮他們的各個年齡。這樣思考下去，你就能夠把那些在人生體驗上無法發揮效益的錢，轉變成有最大使用價值的錢。

這正是我對自己孩子在做的。我為我還不到二十五歲的女兒，把錢放到一個教育儲蓄計劃（529 計劃，美國的一種教育基金），並且設立了一個信託。請注意，信託中的錢是她們的錢，不是我的，而且我按照自己認為合適的方式出錢，直到我願意付出的最高金額為止。我的繼子年紀比較大，所以他已經收到了自己百分之九十的「遺產」，這筆錢是他的買房基金。（順便說一句，以這種方式把錢給出去是完全沒問題的。但我肯定不會等到他六十五歲時才把剩下的錢給他！）

我有立了一份遺囑，這只是為了萬一我死於意外時處理後事之用。不久前，我想到在我的遺囑裡，有一些錢是要給比我年長的人——我媽媽、姊姊和我哥哥。這讓我在想：**何不現在給？**我會希望現在，也就是在他們可以比以後更享受這些禮物的時候給嗎?我的答案是肯定的,因此我給了他們那些錢。

簡單來說,我在對孩子和其他人生活影響最大的時候把錢給他們,是把錢變成他們的錢,而不是我的錢。這有明顯的區別,而且我覺得是種解脫:這樣我就可以盡情花錢在自己身上。如果我想瘋狂地花錢,這時就可以不必擔心影響到孩子。他們有他們的錢,可以隨心所欲地花,而我有我的錢。

你真正留下來的不是錢

我在這一章中花了很多篇幅在談把錢給下一代——但這只是因為錢是大多數人問「孩子怎麼辦」時,都會談到的事。不過請記住,金錢只是用來達到目的的一種手段——是用來買到有意義的體驗,而這些體驗組合起來就是你的人生。正如我在「投資體驗」中解釋的，我假設你的人生目標不是賺到最多的錢和累積最多的財富，使人生有最大的滿足感才是，而這來自於體驗和你對這些體驗的永恆記憶。你希望最大化你自己的滿足感，同樣你也會希望最大化你孩子的滿足感。

記憶也是如此：就像你試圖創造你與孩子共度時光的記憶，當然你也會希望自己的孩子有對你的記憶。這兩組記憶會產生記憶股息——一個是你的股息流，另一個是你孩子的股息流。那麼，你希望自己的孩子如何記住你？另一種問法是：你希望他們跟你在一起時有什麼樣的經歷？

這一點很重要，要在為時已晚之前想清楚。我們可以從被剝奪了與父母相處經驗的孩子的角度來看這個問題。我有一個朋友從他的父親那裡得到了一大筆財產，但他在成長過程中幾乎與父親沒有什麼互動，因為父親總是在外面忙著做生意，累積他的財富。因此，儘管家族擁有龐大的財富，我朋友的童年卻是相當悲慘。他是典型可憐的小富家子弟。多年來情感的疏離使得父子關係一直都很緊繃：當兩人終於有時間在一起時，他們卻發現實在很難跟對方相處，所有失去的時間和關注都已經沒辦法挽回了。現在，當我的朋友在想自己父親留了什麼給他時，錢成了他回憶起來少數幾樣他心存感激的東西。

就像那首《搖籃裡的貓》裡面讓人心碎的歌詞：講述這個故事的男人，基本上錯過了他兒子的整個童年，因為總是「有飛機要趕，有帳單要付」。

很多人會引用《搖籃裡的貓》（Cat's In the Cradle），因為它非常感動人心，對許多聽到的人來說，裡面所描述的情景是再真實不過。我也喜歡這首歌，它要傳達的是，你不能無限期地拖延與孩子共度的時光，可是它的訊息並不完整。是的，我們有許多人為了未來的利益而忙於追逐X、Y和Z，沒有意識到該好好陪伴孩子的時間就是現在。但如果因為額外花時間陪伴孩子能帶來的好處有限，便放棄了，那就太簡化問題了。你不可能延後一切，但你可以延後一些事情。

我深信，你可以為孩子留下的真正遺產，是你與自己的孩子共度的體驗，特別是在他們成長的過程中，那些你傳授給他們的訓誨與其他記憶。但我並不想要很濫情地說，什麼生命中最好的事情都不必花錢之類的話。事實上，生命中最好的事情其實並非真的都不用錢，因為你所做的每件事情都會剝奪了你原本可以做其他事情的機會。和家人共度時光通常意味著沒有把那段時間用來賺錢，反之亦然。相反地，關於體驗，是有一些方法可以用較為量化的方式來思考，能夠幫助各位好好決定如何分配時間。

不過在介紹這些方法之前，讓我先講明我的主要論點：在你想要留給孩子的所有體驗中，有一項要是有你陪伴的時間。

有你陪伴的時間至關重要，因為孩子對你的記憶會持續影響他們，無論那個記憶是好是壞。科學家已經明瞭，在年幼時從父母那裡得到較多關愛的年輕人，一般來說會有比較好的人際關係，而且濫用藥物和憂鬱症的比例也較低。我們還知道，根據一項針對超過七千名中年人的研究，父母對孩子若是充滿關愛和關注，他們的正面影響力會持續到孩子的青年時期。研究人員問了這些成年人一連串關於他們對母親和父親記憶的問題，例如：「當你需要的時候，父母給了你多少時間和關注？」和「父母教了你多少生活方面的事情？」以及「你如何評價自己在成長過程中與父母親的關係？」

顯然，若是在諸如這些問題上的評分越高，他們關於父母的童年記憶就越正面。那麼研究人員發現了什麼？研究人員把這些評分與某些問題的答案比對，找出其中的關聯性，得出的結論是，那些記得父母親充滿關愛的成年人，身體比較健康，也比較不會憂鬱。33「體驗」這個詞可能不會讓人想到是教導孩子什麼是人生，或者只是父母的陪伴與關注——但這些確實也是體驗，而且是不可或缺的，有時候會令人驚訝地得到回報。我相信沒有人不希望自己孩子有這樣的體驗和這樣的記憶股息。

那麼，要如何量化這些事情——一個正面記憶的價值是多少？你第一個直覺反應可能是想說，這是不可能用言語形容的，或者說記憶是無價的。但讓我換個說法：在湖邊的小屋裡待一個禮拜，對你而言，價值是什麼？或者與心愛的人待在一起一整天？價值可能極端地高，也可能相當地低，但你其實甚至能講出一個大概的價格，這點顯示體驗的價值是可以被量化的。（事實上，你或許還記得，在前面章節中我們是怎麼估算「體驗值」。）

我之所以在量化與孩子在一起的價值上頭大做文章，是因為這樣做可以迫使你暫時停下來，想想怎樣做才真正對你的孩子最好：有時候是賺更多的錢，有時候是花更多的時間陪伴他們。因此，許多人會告訴自己，他們是在為孩子工作——他們只是盲目地認為，賺更多的錢會讓孩子們受益。但是，除非你停下來好好思考這些數字，否則是無法得知，犧牲能賺更多錢的時間，是否會為孩子帶來真正的淨效益。

思考這些數字的能告訴你什麼？舉個極端的例子來說，假設你住在野外，你必須「工作」，把樹木砍一砍，純粹就為了替家人建造一個簡單的住所。當你工作是為了讓家人能夠生存時，工作與陪孩子玩相比當然更加重要。但是，一旦你不需要為了基本生活需求和避免負面的經驗而工作，就可以開始用你的工作跟正面的生活體驗交換。就你的孩子而言，你可以從工作賺更多的錢，為他們購買體驗——或者你可以用額外的空暇時間，提供他們有你陪伴的經驗。

另一個極端的例子是億萬富翁，他工作時間非常長，總是為了工作出門在外，結果完全沒時間陪伴孩子。如果你已經是一個億萬富翁，想也不用想就知道，如果你多花一點時間和他們在一起，會對你的孩子比較好，即使這會影響到你的事業。你的事業不會因此蒙受多大的損失，但卻能帶給孩子極大的好處。這對全家人來說是淨收益，對你也是。

花時間陪伴孩子的價值，就像水的價值——如果你已經有五十加侖的水，你不會再花半毛錢去買額外一加侖的水。但如果你在沙漠中快渴死了，就寧可砍掉自己的手臂，來換得哪怕只有一加侖的水。

當然，我們大多數人都處於這兩個極端例子之間。我們既沒有為了生存而一直工作，也沒有完全忽略自己的孩子。因此，我們在時間和金錢之間面臨著一個更困難的權衡。但就算答案並不明顯，思索的方式也跟那兩個極端的例子是一樣：你工作每多一個小時，對你和你的孩子是否真的值得？你的工作增加了你可以遺留下來的東西嗎？或者它實際上是會消耗了可以遺留下來的東西？

不論父母的工作收入多少，對孩子來說都是憂喜參半。父母去工作時，他們賺到的錢可以在許多方面改善孩子的生活，但正如經濟學家卡洛琳·海因里希（Carolyn Heinrich）所指出，工作（尤其是長時間工作和夜班）會佔用親子時間，為孩子的生活帶來壓力。而收入低的父母尤其可能從事壓力大、時間長的工作。[34]但是，當然，大多數人必須工作養家糊口，很難在工作時間和與孩子相處的時間之間達到最理想的平衡。

你和你的孩子在人生中哪個階段也很重要。就像你不能一直拖延滑雪旅行，因為滑雪需要身體夠健康，至少達到一定程度，你也不能一直延遲與自己六歲孩子相處的時間，因為你的孩子不會一直是六歲、七歲，或者一直是個孩子。機會會逐漸消失，這個事實應該就足以使你重新評估，你願意放棄多少錢來獲得這些經歷。

現在我們從孩子的角度來看，因為我們也希望儘可能提升我們孩子的人生滿足感。你認為，對你的孩子來說，多一天有你陪伴，這個價值是什麼？或者她從學校回家時你能在家？或者你去參加她的足球比賽或音樂演奏會？我很瞭解，你的孩子，尤其是在他們還很小的時候，當他們擁有這些經歷時，可能不會很重視。如果我問我的大女兒，她有多在意我去看她比賽，她可能根本不知道我在說什麼。但這些共同的經歷顯然是有價值的，特別是在日後回想起來。請記住，金錢的目的是為了獲得體驗，而對你的孩子來說，這些體驗的其中一項就是與你共度的時光。因此，如果你正在賺錢，但沒有花時間陪伴孩子，那你實際上是虧待了自己的孩子，還有你自己。

如果你有好好想過，瞭解你留下的東西包括了與孩子共度時光的經歷，最後就會得出這個結論：一旦你有足夠的錢可以照顧家庭的基本需求，那麼你繼續工作去賺更多的錢時，實際上就是在消耗掉你要留給孩子的東西，因為你花在他們身上的時間變得更少了！而你越有錢，就越可能出現這種情況。

做善事不要等

順帶一提，我說要在正確的時間給孩子錢，這點也幾乎完全適用於對慈善機構的捐贈。無論你要給孩子、慈善機構，還是給你自己的是錢，還是時間，基本的概念都是一樣：有最佳的時間點，但永遠不是你死去的時候。

看看這個標題，這是《紐約時報》某一個禮拜轉發次數最多的一篇報導。「九十六歲的秘書悄悄地積累了財富，然後捐出八百二十萬美元。」哇！這個故事在講一個名叫希薇雅．布魯姆（Sylvia Bloom）的布魯克林女性，是如何靠著當律師秘書積攢了這麼多的錢。（雖然她結過婚，但沒有孩子，在同一家華爾街律師事務所工作了六十七年，住在租來的公寓裡，坐地鐵上班，甚至到了九十歲還是如此，而且她是看她的律師老闆投資什麼，就少少地跟著投資，來累積她的錢。）

布魯姆女士身邊的人都不知道她這麼有錢，直到她去世後才知道。她的六百二十四萬美元遺贈給一個名為「亨利街社區中心」的社會服務機構；另外兩百萬美元則捐給亨特學院（Hunter College）和一個獎學金基金。亨利街社區中心的每個人都非常驚訝。布魯姆的姪女也是亨利街社區中心的會計，她尤其感到震驚。這是該組織一百二十五年來所收到過來自個人的最大一筆捐贈。社區中心的執行長稱這份禮物是「無私奉獻的典範」。

當然，我理解執行長為什麼這麼說——在生活拮据的情況下留下這麼多錢，確實顯得無私，而且好事就是好事，但坦白講，我不認為布魯姆的行為是無私的最高境界。

當你死了，就不能慷慨解囊

在我解釋為什麼布魯姆的行為看起來並不是那麼無私之前，讓我先說明一下：在不清楚某人想要做什麼的情況下，我不能說這人的決定是好還是壞，是理性還是不理性。例如，我個人可能寧可把時間和錢給人，而不是給動物，但如果有人寧願去動物收容中心做志工，而不願意去無家可歸者收容所幫忙，我有什麼資格說這是不對呢？只要他們做的，跟他們真正想要做的事一致，我就必須尊重他們的決定，即使那不是我會去做的決定。人各有愛憎好惡，很難解釋得清。

所以，我不能說希薇雅．布魯姆工作了一輩子，節衣縮食，最終把所有的錢都給了別人，是個錯誤。不過，我能說的是，我個人不認為她的遺贈算得上是數一數二的無私行為。首先，一旦你死了，你的資產就是得要合法轉移，你在這件事情上唯一可以置喙的（透過你的遺囑，而且顯然要在你死前擬定），是這些資產被轉移到哪裡。但你的錢無論如何都會被拿走，所以這怎麼算得上是慷慨呢？死者不用繳稅，只有接受他們遺贈的人才繳稅。因此，你只能在還活著的時候慷慨捐助，也就是在你可以真正做選擇和知道結果的時候：這個時候你可以選擇把自己的錢或時間給去哪裡。如果你在世時慷慨解囊，那麼我會認為你是無私的。如果你死了，你就沒有這種選擇。所以根據定義：當你死了，就不能慷慨解囊。

沒效益才糟糕

也許你認為我是在無私、慷慨和選擇的意義上過於吹毛求疵。畢竟，布魯姆是真的省吃儉用存錢，而且把那些慈善機構放在她的遺囑中，所以她一定還是想要慷慨解囊，對嗎？是沒錯。而且，她很可能也從存錢中得到了很多快樂，因為她知道，有一天，這些錢會用於慈善事業——畢竟，慈善捐贈是另一種體驗的方式。

那麼，問題出在哪裡？問題是沒效益才糟糕：在她生前，窮困的人並沒有因為她的善款而受益。這個人，出於自己的選擇，很少花用自己不斷累積的財富，明明有足夠的經濟能力，卻總是很節省地生活。她選擇搭乘地鐵上班，繼續住在租來的公寓裡（附帶一提，這個公寓本來也可以給更需要的人）。讓我們假設，她是特別想要存錢，好把她的錢捐給這些慈善機構。那麼，她為什麼不在她明明可以這樣做的時候，早點把錢給她中意的慈善機構？

嗯，也許她存錢的部分動機是為了防患於未然——她或許認為自己很可能在七十二歲時需要花兩百萬美元來照顧自己。或者她把戶頭裡不斷增加的錢看做是某種分數，來衡量自己做得有多好，而不是想對世界產生什麼影響。也可能她並沒有真正想得很清楚；畢竟，我們文化中根深蒂固的傳統就是過世時捐一大筆錢。我不知道——我們只能猜測。但我確實知道，她的延遲是沒有效益的，因為她選中的慈善機構顯然可以更早運用到這些錢，使更多的人早點受益。

看看這個例子。羅伯特・F・史密斯（Robert F. Smith）在二〇一九年送給莫爾豪斯學院（Morehouse College）畢業班學生一個驚人的禮物：付清了他們所有的學貸。無論他的動機是什麼，無論他的禮物總共加起來是多少錢，關鍵是史密斯不是把這筆錢放在自己的遺囑裡，而是在他還活得好好時就捐了出來，使當天的畢業生能夠無債一身輕地離開大學。

希薇雅・布魯姆也在教育方面捐了錢，這點讓我們覺得是蠻有意義，因為投資教育的好處是有目共睹的。這些好處不僅嘉惠學生個人（由於有受教育的結果，他們可以獲得更好的工作，身體也比較健康），而且也惠及整個社會。貧困比例的降低，還有犯罪和暴力的減少，是教育可以為社會帶來的最明顯益處。[35]經濟學家也曾嘗試量化投資在教育上面的報酬率，他們發現在全世界，中等和高等教育水準的學校教育，其社會報酬率超過百分之十（每年）。[36]還有什麼投資能產生如此可靠的高報酬率？要合理化持有這些錢、並且自己投資，而不是立刻把錢給你最看重的教育慈善機構，你得要須知道自己可以年復一年賺得超過這個報酬率。慈善組織當然希望現在就拿到你的錢。但是，某些慈善機構，特別是基金會和接受資助的非營利組織，不會馬上使用他們收到的錢；相反地，他們的目標是要讓每年獲得的捐助資金超過分配出去的錢，使得他們的捐贈金額可以成長。例如，在一九九九年，各個基金會吸收了超過九百億美元的資金，但分配出去的資金不到兩百五十億美元。這就是為什麼有一項分析認為，「捐贈者不僅要問如何使用他們的善款，而且要問他們的捐贈多快會被使用」。37 我非常同意。但是，無論你最中意的慈善機構如何使用你的錢，慈善機構總是能從更早擁有這些錢中獲得更多益處。

你要給，就現在給

各位現在應該明白我對於花錢時機的看法：時機真的很重要。我的首要準則就是，不要等到死了才花錢，不管是花在你自己身上、你所愛的人身上，還是花在慈善機構。而除此之外，還要找到花錢的最佳時機。

談到把錢給孩子的最佳時間點，正如我在本書前面所建議的，是在他們二十六到三十五歲之間。在這個年齡區間，既不會太晚，無法產生很大的影響，也不會太早，使得他們可能會揮霍殆盡。但是把錢捐給慈善機構呢？對於慈善事業，沒有太早的問題。例如，你越早把錢捐給醫學研究，這些錢就能越早有助於醫療疾病的防治——正如我們從關於醫學研究投資報酬率的研究中可以看到的。38每天都有技術上新的突破，改善人們的生活，而且隨著時間的推移，這些進步會帶來巨大的改變。但你不能只是等著看這一切發生，你必須根據自己現在有的資源和你期望在未來會有的資源，給出你所能給的。

我有一個朋友告訴我，他想創辦一個事業，如果這個事業成功，他想把收益捐給慈善機構。他創業的目標是希望慈善捐助方面帶來重大的影響。你可能能猜到我跟他說什麼：慈善機構現在就需要他的錢。如果你現在有錢投資新的事業，而你投資的整個重點是為慈善團體賺錢，那如果你現在就把錢給他們，對你和慈善機構都會更好——即使你現在給的可能會比以後給的要少。苦難一直都在發生，所以，現在就是開始幫助減輕痛苦的時候，而不是在未來某個遙遠的日子。

越來越多的慈善家正都在這麼做，查克・費尼（Chuck Feeney）這位億萬富翁慈善家，稱此為「活著的時候捐款」。費尼因為創辦免稅店DFS集團（就是你在機場看到的免稅店）而致富，是一個非常好的榜樣，具體實踐了我一直在鼓吹的主張：他很早開始（匿名）捐錢，到他八十多歲時，已經捐出了超過八十億美元的財富。他選擇過著節儉的生活，就像律師秘書希薇雅・布魯姆一樣——但與布魯姆不同的是，他並沒有等到死後才把這些錢捐給慈善事業。他現在已經八十多歲了，他和他的妻子還是選擇住在租來的公寓裡。他的淨資產現在降到了兩百萬美元左右——仍然還有很多錢可以度過餘生，但這些錢跟他多年來捐獻出去的錢相比，真的算是非常少了。

費尼啟發了許多富豪，包括比爾・蓋茲和華倫・巴菲特。然而，你不一定非得是大富豪才能在活著的時候奉獻。這個原則適用於各種大小的捐獻，無論你是有幾十億、幾千，還是幾百塊錢。不必要有太多的錢就能明顯影響發展中國家的人，例如像救助兒童會（Save the Children）和國際慈悲組織（Compassion International），每年不到五百美元就能夠資助一個孩子，幫助孩子安全、健康地成長，接受更好的教育——為下一代開啟一個正向的循環。

如果你沒有那麼多錢可以捐出去，你還是可以奉獻出自己的時間。所以，請記得，當我說「死前讓財產歸零」時，我不是指死的時候還留著要捐給慈善機構的錢。如果你打算捐獻，就在你還活著的時候捐出去，而且越早越好。慈善機構不能等。

建議

- 想想你希望在孩子什麼年紀時給他們錢，還有想給多少。捐給慈善機構的錢也是如此。跟你的配偶或伴侶討論看看。今天就去做吧！
- 請一定要向專家諮詢這些事情，例如遺產規劃師或律師。

第6章

生活要平衡

法則#6
不要把生活過得習以為常

在本書的開頭，我跟各位講過，我的老闆有一次說我是個白癡。各位可能還記得，我在二十多歲時是個精打細算的人，為自己能用微薄的薪水存下錢感到自豪。我的老闆喬・法瑞爾提醒我，我在未來會賺得更多，所以我不花自己現在賺來的錢是很蠢的事。

喬・法瑞爾的建議並非隨便瞎掰。許多經濟學家都認為，年輕人會更隨心所欲花錢是可以理解的，儘管這和我們大多數人在成長時聽到的教誨相悖。當我們八、九歲的時候，父母總告訴我們要把生日時收到的錢存起來，不要花光。等我們長大了之後，理財顧問告訴我們，現在就要開始把一部分的薪水存起來，永遠不嫌太早。

另一方面，很多經濟學家認為，要年輕人節儉並不是個好主意。《蘋果橘子經濟學》作者，經濟學家史蒂芬・李維特（Steven Levitt）在芝加哥大學擔任助理教授時，有位資深同事何塞・施可曼（José Scheinkman）跟他說，他應該多花點錢，少存點錢——而施可曼本人則是從芝加哥大學更著名的經濟學家米爾頓・傅利曼（Milton Friedman）得到同樣建議。「你的薪水只會增加，你賺錢的能力只會上升，」李維特想起這位比他年長的同事是這麼告訴他，和喬・法瑞爾跟我的話簡直是同出一轍。「所以，你現在不應該存錢，你應該借錢。你現在應該以十年或十五年後所預期的方式生活，而腦袋有問題的人才節衣縮食和存錢，但像我這樣在中產階級家庭長大的人，從小學到的觀念是要節儉。」[39]李維特說這是他得到的最好的理財建議之一。

這跟喬．法瑞爾給我的建議幾乎一樣，關於這點，我也會有相同的建議，儘管有一段時間我做得有些太過頭了。喬打開了我的眼界，讓我看到一種關於平衡收入和支出的全新思維方式。我就像一個狂熱的皈依者：跟喬談話之前是一個我，之後是另一個完全不同的我。在這以前，我的生活方式很類似現今「財務自由」（FIRE）運動中的人——他們做任何事情都很節省，注意每一塊錢花去哪裡，儘可能為未來儲蓄。然後，喬的話在我心中扳下了一個開關。很快，我從一個節儉的人搖身一變，成為一個豁出去花錢的人。在接下來的幾年裡，跟喬所說的一樣，我的收入不斷增加，我的支出也不斷增加。

我過得很開心，但很可惜，我無法講出在那些年裡自己有什麼特別的經歷、而產生了很多記憶股息。那是因為我花錢花瘋了——只是為了花錢而花錢，並不是有選擇性地花錢。例如，我買了一個立體聲音響，聲音保真的效果超過我耳朵能聽到的；或者我會去很昂貴的餐廳，但那些餐廳跟我以前吃過的餐館沒什麼不同。基本上，如果某樣東西有個更貴的版本，我就會去買，而不考慮怎樣才能獲得最大的價值。其實，我只是從習慣性儲蓄變成了習慣性消費。

我的花費也危及到了自己的未來。我不僅花掉了我所有可以自由支配的收入，我也在大量削減自己的緊急安全儲蓄。要是我沒了工作該怎麼辦？除了失業保險，我沒有任何緩衝基金可以依靠——我甚至連一個月的薪水都沒有。

我仍然非常相信，年輕的時候承擔風險，是可以從可能的挫折中恢復過來——但前提是要有還能向上的空間，有使風險得到回報的報酬。總是得要有風險報酬（risk-reward）才行。所以，比如說，如果我想去尼泊爾旅行，因為接下來我可能會有孩子和其他責任，以後或許就再也沒有機會去了，那麼這是一個值得承擔的風險。為了這種一生一次的體驗，我花光所有的錢，甚至負債（就像我的朋友傑森為了去歐洲自助旅行所做的）也是可以的。我不會認為這是豁出去花錢。但那時候我花錢並不是那樣：那時我想要得到的東西，並不值得我去承擔風險。

不過你明白我為什麼做得太超過了：我之前的白癡行為是不想虧待自己，結果卻變成了另一種白癡行為。在採納喬的建議並加以實踐的過程中，我用一個錯誤取代了另一個錯誤：先前我太節儉，後來我又太揮霍。喬睿智的建議並不是要花光你所賺的錢，然後賭上一個光明的未來。不，我現在覺悟到，最重要的收穫是**要在當下的花費（而且只花在你看重的東西上）和為未來聰明儲蓄之間取得適當的平衡。**

為何平衡的簡單規則並不適合所有人

我還體認到，這種平衡會隨著你經歷人生不同階段而不斷變化。這也與大多數個人的理財建議截然相反。例如，一些理財專家會敦促你從每個月或每次拿到的薪資中要「至少存百分之十」。其他專家會建議其他數字，例如百分之二十——但他們同樣會建議你每個月、每星期或每份薪資都這樣做，無論你的年齡或財務狀況如何。

讓我們來看看百分之二十的建議，它來自一個廣為流傳的預算公式，也就是50-30-20法則。[40]這個法則出自於伊莉莎白・華倫（Elizabeth Warren），是的，就是那個伊莉莎白・華倫。她在進入政界之前，曾是一名法律教授，特別專長在破產方面，還與其他人合寫了關於美國中產階級為何破產以及如何避免這種悲慘命運的書。華倫提出了這個她稱為「平衡金錢公式」的50-30-20法則，做為幫助人們維持財務穩定的一種方式。

根據這個法則，你應該將收入的百分之五十用於必要花費（如房租、生活用品和水電），百分之三十用於個人需求（如旅遊、娛樂和外出用餐），剩下的百分之二十儲存起來和償還債務。這個法則聽起來是實現此目標的一個偉大（和簡單）的方法，特別是對於那些可能無法好好控制自己花費的人。它當然引起了大眾的注意。但是，如果你想要不只是財務穩定，也就是說，如果你和我一樣，想在不破產的情況下儘量提升自己人生的滿意度，那麼對於如何平衡，你就需要一種更複雜的思維方式。以我的想法，每個人的支出和儲蓄比例都不可能相同，更重要的是，你的儲蓄比例在二十二歲，和在四十二歲或五十二歲時都不應該相同。最佳的平衡方式是因人而異，會隨著年齡和收入的不同而變化。本章將會介紹幾種方法，幫助各位找到、並保持自己的最佳平衡。

為何支出與儲蓄的平衡會一直變化

50－30－20法則和其他簡單的公式顯示，支出和儲蓄的比例是不變的。例如，在50－30－20法則中，儲蓄占收入的百分之二十，所有支出與儲蓄的比例是80比20。如果拿掉必要花費，也就是說，你唯一的支出是在想要的東西上（部分在我所說的「體驗」），支出與儲蓄的比例則變成是30比20。為什麼我說這樣的平衡不可能在你一生中都是正確的？因為這不是你生命活力最好的分配。如果你同意喬・法瑞爾和史蒂夫・李維特的觀點，你就會明白部分的原因：當你還年輕、有充分的理由期待在未來幾年會賺得更多時，把收入的百分之二十存起來是瘋了。

事實上，正如李維特所建議的那樣，當你期望在未來會獲得更多收入時，借錢（代表支出超過你目前的收入）甚至是合理的。

我要說的是，當我告訴各位，年輕時借錢是合理的，並不是說你應該積欠信用卡的債務——這種高利息的貸款對所有人來說都是個壞主意。但是，當你未來會有很多年會收入一直增加時，將收入的百分之二十存起來真的沒有意義。那代表你放棄自己可以擁有的難忘體驗，也代表為未來更富有的自己而工作——這肯定不是對你生命活力最好的利用。

好，假設你同意我的觀點，80與20的比例對許多年輕上班族來說不是最好的。但是年紀較大的上班族呢？很明顯，在某些時候，你不得不開始為自己的退休生活存錢，否則以後會沒有什麼收入或錢很少。而且，你不僅需要為退休存錢——在你的人生中，總會有這種時候，你的收入會達到一個高點，或者你的支出會需要提高，或者這兩者同時發生。對於所有這些可能發生的情況，毫無疑問你確實需要在某些時候存錢。當那個時候到來，你不想存太多（因為要放棄自己可能永遠不會再有的經歷），你也不想存得太少（因為會讓未來的生活匱乏）。你想儘可能接近完美的儲蓄總額：你想在享受當下和讓未來生活無虞之間達到最好的平衡。

可是即使你真的到了要睿智地開始存錢的年齡，也不會有一個神奇的數字、一個理想的固定儲蓄比率，可以讓你在退休前一直保持平衡。要瞭解這箇中原因，你需要充分理解我前面提到的一個概念：一個人從金錢中獲得樂趣的能力會隨著年紀增長而開始下降。這意味著什麼呢？當你看到一個人在臨終前的模樣，就會完全瞭解這個概念。這個時候，人已變得太虛弱，身體無法移動，也許還得使用鼻胃管和便盆來維持一些生理上最基本的功能，因此臨終前的人除了回想自己一生中做過什麼之外，無法做任何事情。你可以給他們一架私人飛機到世界上的任何地方，但他們就是哪裡也去不了。不管他們是存了一百萬美元，還是十億美元，這些錢對於他們能否享受自己存留下來的東西並不會造成多大差別。誠然，這樣看待一個人走到生命盡頭是很嚴苛。但這樣確實可以把一切都看得很清楚。在生命中的此刻，唯一無法從金錢中得到什麼享受的人，就是在停屍間或墳墓中的人。

這跟你一個健康的四十歲人，或無論你現在年紀是多大的人有什麼關係？全部都有關係！我經常思考這些臨終的場景，因為所有人都會死亡的這個事實對我們生命的每一天都有影響。我們都聽過這樣的假設性問題：如果你明天會死，你會做什麼？問這個問題的人往往會在你回答之後說，為什麼你現在不做這些事情？顯而易見的答案是，你明天可能不會死，所以如果你的行為舉止表現得像是自己要死了，那是很蠢的。一般來說，你何時會死這件事應該會影響你如何使用自己的時間。

如我先前所說的，如果你知道自己明天會死，你會以某種方式度過今天，而如果你是從現在算起兩天後死去，你會以稍微不同的方式度過今天——因為你還有明天。三天後、四天後或兩萬天後的情況也是如此：時間越往後，為今天而活與為未來計劃之間的平衡就會發生變化。因此，如果你每次回溯一天或一年，從墳墓到臨終前到輪椅或助行器，然後進一步回溯到三十多歲、二十多歲等等，在要如何度過自己的人生上面，應該至少能看到一些細微的變化。在講還有幾天的時候，很容易就可以看得出來差異，那些變化可不小。但是當我們講到**成千上萬個日子**（幾年和幾十年）時，大家就完全忘記了這個邏輯，而且表現得好像兩萬天就等於永遠。但是當然，我們沒有人可以活到永遠。我們需要牢記這一點，才能夠充分利用我們現在所擁有的時間，而不至於落入靠著慣性生活的陷阱。

旅行就是一個很好的例子：對我來說，旅行是衡量一個人能否從金錢中獲得樂趣的最高標準，因為旅行需要時間、金錢，還有特別是健康。許多八十歲的老人不能經常旅行或出遠門，他們的健康狀況使他們無法這樣做。你甚至不需要身體整個衰老，就可以免了出去旅行的一些麻煩事。你的健康狀況越差，就越無法適應長途飛行、機場停留、不規律的睡眠和其他與旅行相關帶來的壓力。有一項關於人們旅行限制的調查（是什麼讓他們不能到某個特定地點旅行），不僅證實了上述看法，而且還更進一步進行研究。研究人員詢問不同年齡層的人，是什麼阻礙了他們出去旅行。結果發現，六十歲以下的人受到時間和金錢的限制最大，而七十五歲以上的人受到健康狀況的限制最大。換句話說，當時間和金錢不再是問題時，健康就是問題。而且，並不是某個年齡層的人突然開始有健康問題，使他們無法旅行。研究人員在報告中說：「隨著年紀越來越大，健康問題逐漸成為一種限制，」而且「對年紀最大的受訪者來說，這是一個主要的限制因素」。[41]

這是一個殘酷的現實：你的健康狀況從十幾歲和二十幾歲的顛峰期不斷下降，有時是突然的，但往往是漸進式的，以致於你沒有注意到。我在年輕的時候，熱愛運動，尤其是足球。我現在還是很喜歡足球，但即使我算是一個健康的五十歲人，也不可能像二十歲時那樣享受踢足球的樂趣。我不能跑得那麼快，而且我更容易會受傷。當你害怕肩膀肌肉撕裂或弄壞膝蓋時，踢足球就沒那麼有趣了。與我年紀相仿的朋友都同意，在某個時候，你對踢過足球的回憶要比實際還可以去踢足球更令人覺得快樂。

這種情況發生在所有各類型的運動活動中。上禮拜，我正在打網球，發現自己的膝蓋有點疼，所以就停了下來。這在二十年前是不會發生的。我的朋友葛瑞格喜歡滑雪，而且體格很好（就他的年齡而言），最近他連續滑雪七天，這在他二十二歲的時候是家常便飯——結果回來之後他感到身體非常疼痛，才體認到現在連續七天滑雪對他來說太累了。

這種因為健康狀況下降而導致享受的樂趣變少，也會實質影響到你的錢能發揮多大作用，滑雪就是這種影響的好例子。比方說，一個年老的滑雪者決定繼續享受這項運動，想說那就讓自己多休息幾次好了，或者在滑雪時，中間有更長的休息時間。這是個好主意，但這並不代表他可以獲得跟自己年輕力壯時一樣的樂趣。如果他以前在斜坡上一天能有二十次不錯的滑行，現在他只能有十五次。實際上，他那一天滑雪花了同樣的錢，但現在帶給他的滑雪樂趣只有幾年前的百分之七十五。

我的好朋友葛瑞格，他的身體會復原，並且可以再去滑雪，但他未來的樂趣會減少，因為他無法像以前那樣滑雪，而且最後可能根本就不能滑雪。

我一直在提醒自己這個可悲的現實，因為很多我認識的人都注意到類似的身體限制已悄悄出現。我來告訴各位一個很誇張的例子。在英屬維京群島有個約斯特范代克島（Jost Van Dyke），那裡的海灘有個很不錯的地方叫「濕美元酒吧」。它之所以叫這個名字，是因為這裡沒有碼頭；大家會把船停在離岸邊稍遠一點的地方，然後真的游泳到酒吧，用濕漉漉的美元鈔票付錢點他們著名的Painkiller止痛藥雞尾酒。有些人喜歡玩水中推進器（是可以這樣划過去），但如果你喜歡游泳，就可以完整經歷拿著濕錢點餐的體驗。這就是我女朋友的祖父克里斯（當時六十九歲）去那裡時想做的事。他以前是游泳教練，所以他很想去，於是我和他一起下水。游泳的距離不長，大約二十七公尺左右，但是大概在十八公尺的地方，我聽到克里斯大喊：「還有多遠？」我回頭喊說，他可以站起來走過去（因為水很淺），但他沒有聽到我說的話。當我到他身邊時，他已經無法正常呼吸！我很快想到要用心肺復甦術，還有如果情況惡化太快，我們是否能及時得到去顫器。幸運的是，還好沒有惡化——克里斯開始恢復，過了十五分鐘後，他的呼吸和心率都正常了，於是我和他帶著濕漉漉的美元去享受止痛藥雞尾酒。還好！

克里斯跟許多人一樣，只記住了自己光輝的歲月，卻沒有注意到自己的身體發生了什麼變化——以他的年紀，身體狀況已經不能允許他再游個二十幾公尺了。我們之中很多人都有這種與現實脫節的心理，而這種脫節使得退休後日子無限美好的神話一直存在，仿佛我們永遠都還是能做自己喜歡做的事情。

你可能會說，「對很多人來說，這可能是真的，但我的身體狀況比二十年前還好！」好吧，以我來看，這只說明了你以前沒有好好照顧自己的身體健康，因為如果你有，你二十年前的身體肯定會更健康。**在其他條件相同的情況下**，二十歲的人比四十歲的人身體更健康，五十五歲的人比七十五歲的人身體更健。這些只是生活中的事實。讓我給你看一些醫學研究的證據。

人體不同系統的退化速度並不相同，但都會退化。例如，醫學研究人員長期追蹤一群人在骨密度和肌肉質量方面的變化，發現這兩方面有不同的數字。更複雜的是，他們還發現不同群體之間存在顯著的差異。例如，白人女性的臀部骨密度比黑人女性的低，這兩個群體的骨密度又比黑人男性的低。但所有群體都顯示出骨密度隨著年齡增長下降。

研究人員還追蹤了幾個關於眼睛（視覺功能）的指標，例如對比敏感度、視網膜厚度和視力。隨著年紀肺功能也有下降趨勢。心臟健康、認知功能和嗅覺等方面也是如此。因此，健康的曲線有許多不同種類，不是只有一種，而且看起來都有些不同：有些人是以穩定、趨近於直線的軌跡下降，而有些人的軌跡則比較彎曲，顯示出下降的速度加快。另外，撇開群體差異不談，有些人一開始就比其他人健康，有些人則比較善於長期保持健康，所以從範圍來看要比看單一曲線更能顯示實際狀況。但是不管你檢視的是什麼具體的健康數據，或者是怎樣結合多少條曲線，八十歲的人都不會比二十五歲的人健康。

在某種程度上，身體健康和衰退的程度取決於個人。你的健康情況保持得越好，衰退程度就越不明顯。例如，不吸菸者的肺功能曲線就比吸菸者的曲線要平緩得多。你在某一年的健康狀況越好，你就越能享受那一年的經歷。因此，是的，你會老化，但是你可以努力使衰退程度沒那麼快！這是好事，因為你若是越能保持健康，人生的滿意度就會越高。然而也不要自欺欺人：無論你多麼會照顧自己身體，你在六十五歲時的健康狀況還是不會比二十五歲時好，假設你在二十五歲時的健康狀況算正常的話。

在個人層面上，我在決定要做什麼跟什麼時候做就會變得更加審慎。前幾天，我和朋友租了一條船，我在考慮要不要去玩滑水，就像在水面上玩滑雪板那樣。五十歲的我，是否身體狀況還不錯，還是能夠去玩滑水嗎？可能吧。七年以後，我的身體狀況是否還那麼好？肯定不是。這個活動必須現在就去玩，否則永遠不會再有機會行，所以我決定去玩。我絕不想在自己的生命盡頭——這時我已經沒有健康的身體去做自己想做的事情——才發現我本來可以早一點做，卻沒有去做。

你能否經歷生命中的許多體驗，是取決於你的健康，但錢也很重要，因為很多活動都要花錢。所以最好在你還很健康的時候花錢。

問題就在這裡。我們很多人仍然一直把自己看成是二十幾歲的人，儘管我們的真實年齡是五十幾歲、六十幾歲，甚至七十幾歲。雖然在內心裡仍覺得自己還年輕是令人欽佩的，但現實是，你需要更務實和客觀地看待自己的身體和衰老的過程。你**必須**注意和覺察到自己身體的極限，還有無論喜歡與否，這些限制是如何隨著你年齡變大而不斷干擾你。

我第一次開始思考這些事情是在我給了祖母一萬美元，然後發現她根本沒花之後。那時她真正想買的只有一件毛衣（要送給我）。我開始注意到其他年長的親戚也有同樣的情形，我想：這些是我的長輩，所以我可能也會在某個時候變成這樣的人。我突然想到，**每個人最終都會變成這樣。**隨著年齡的增長，你的健康狀況下降，興趣逐漸變少[42]，就像你的性欲減退一樣。你的創造力通常也會下降。當你極度年老體弱時，無論你的興趣是什麼，你所能做的只是坐在那裡吃木薯布丁。在這一點上，錢對你來說已經無用，因為你需要或想要的只是躺在床上看電視節目《危險邊緣》（Jeopardy）。所以我的結論就是：金錢的效用，或有用性，會隨著年齡的增長而下降。

我也很清楚，這種下降並不是從出生開始的。當我們還是嬰兒時，我們從金錢中得到的享樂也很少。照顧嬰兒得花很多錢，這是事實，但他們並無法從花錢中得到什麼樂趣。當你是個嬰兒時，沒有什麼比媽媽和嬰兒床更讓你覺得快樂。在某方面，嬰兒從金錢當中獲得的效用跟老人非常相似。在生命的開始和結束時，金錢幾乎沒什麼價值。

在這兩者之間發生了什麼？假如回到二十多歲的時候，我總能找到新的事情花錢去做。二十多歲時手上有些錢可是很有用。因此，當我看著這三個點：嬰兒、二十多歲的人、老人，我醒悟到，**應該是一條曲線**才對。換句話說，如果圖表上的橫軸代表你的年紀，縱軸代表你用金錢可以買到的人生體驗的能力，那麼如果按照年紀畫出你可能會體驗到的享受，應該會看到某種曲線。可以這樣想：每年給你同樣多的錢（比方說十萬美元），在人生中的某些時候，你能從這些錢中獲得的享受比其他時候多得多。金錢的效用會隨著時間改變，而且是以一種相當可以預測的方式改變：從二十幾歲的某個時候起，你的健康狀況就開始非常微幅地下降，導致你從金錢享受到體驗的能力相對地下降（**圖5**）。

這個看法立刻顯現出務實的含意：如果你在某些年紀比其他年紀更能享受金錢帶來的體驗，那麼在某些年紀比在其他年紀多花一點的錢是有意義的！例如，十萬美元在五十多歲時比在八十多歲時更有價值，而你的目標是儘可能享受自己的錢帶來的樂趣和人生，所以，至少要將一部分八十多歲的錢移到五十多歲來用，這才符合你的最佳利益，因為這將會帶給你更大的

圖 5：你享受體驗的能力取決於健康

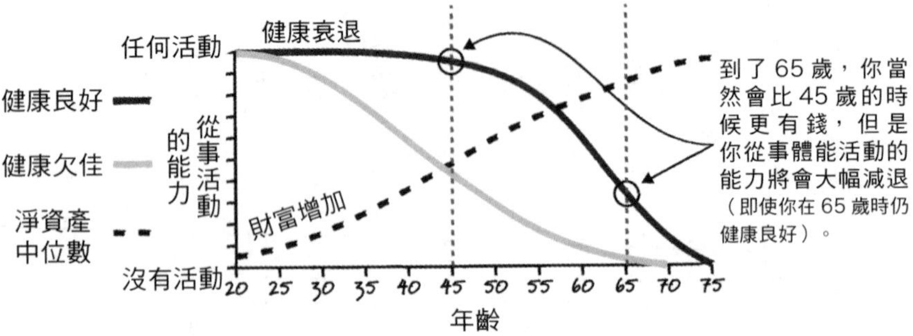

每個人的健康狀況，都會隨著年齡增長而衰退。而財富，則往往隨著人們不斷儲蓄而逐年增加。但日益惡化的健康狀況，會逐漸限制你對財富的享受。因為無論你花得起多少錢，你有辦法享受的體能活動只會愈變愈少。

享受。出於同樣的理由，將一些錢移到二十多歲、三十多歲和四十多歲也符合你的最佳利益。這種有意識的財務轉移，是從本質上考慮到金錢效用會改變而打造一個終身的花費計劃。

每當你在支出方面有了轉變時，在儲蓄方面也必然會有所轉變。因此，舉例來說，有些人最好在二十歲出頭的時候別存什麼錢（如我們所討論的），然後在二十多歲和三十多歲的時候，隨著收入開始增加，逐漸提高儲蓄率，而不是在一生工作的期間存下百分之二十的收入。接下來，應該在四十多歲時把超過百分之二十的收入存起來，然後放慢存錢速度，這樣一來，到後來（我在下一章會解釋）實際上的花費便會開始超過收入。

請注意，我是很謹慎地說，**有些人**這樣做比較好。每個人的情況不同。例如，有些人偏好的活動，像是單純的散步，要花的錢不多；有些活動也不需要健康必得達到最好狀態。你應該存多少錢也取決於你的收入每年增長的速度、你住在哪裡，以及存款增加的速度。由於有這些變數，加上它們可能產生的各種組合，所以並沒有一個放諸四海而皆準的原則。

到這裡各位應該明白了吧：在某些年紀多花一點錢是有意義的，所以適時調整你長年支出與儲蓄的平衡也是有道理的。

人生真正的黃金時期

我們都被教導——就像許多努力工作、勤奮的螞蟻一樣——要為退休的「黃金時期」存錢。但諷刺的是，真正的黃金時期，這段我們因為健康情況最好、財富最多而最可能享樂的時期，大多是在六十五歲這個傳統退休年齡之前。這些真正的黃金時期才是我們應該儘量花費的時候，而不是延遲滿足。

太多人正在犯這樣的錯誤：他們對未來的投資遠遠超過了這個黃金時間，而這些投資此時是可以大大增加他們對整體人生滿足感來回報。為什麼他們堅持這樣做？我認為大部分人只是因為出於慣性，就只做以前行得通的事情。有時候，現在花錢比較好，而其他時候，則最好把錢存起來（和投資），以便在未來有可能獲得更好的體驗。

以極端的情形來看，就可以很容易明白：顯然，如果你一直囤積錢，不花任何錢，你人生滿足感的曲線將是最小的。而如果你現在花光了自己的錢，就沒有錢給未來了。我認為，這就是「螞蟻和蚱蜢」這個故事的寓意：要有工作（和儲蓄）的時間，也要有玩耍的時間，而最理想的人生需要同時為生存和過得好做計劃。蚱蜢只想著過得好，只想著當下要享受，結果忘記了生存下去的事情，最後短命餓死。但螞蟻也犯了一個大錯誤：由於努力工作，他可以活到第二年，但他太專注在生計，結果沒有在夏天玩樂，享受生活。這兩個極端都沒有充分提升人生的滿足感。

理解這個寓意是一回事，但付諸實踐又是另一回事。在任何一個時間點上，要知道該走哪條路都不容易。儲蓄和花費之間的最佳平衡點，根本無法顯而易見。如果你已經花了幾十年時間盡職盡責地存錢和投資，可能很難停下來——即使假設你也有意識到自己應該停下來。

那麼要怎麼做好？你如何在自己的人生中達到更多的平衡？我建議用幾種方式來思考這個問題。根據你是怎樣的人和你的思維方式，每個人各有適用的方式。

在生活中維持健康、金錢和時間的平衡

想一想人們若要充分體驗人生所需要的這三個基本要素：健康、自由的時間和金錢。問題是，這些東西很少同時存在。年輕人往往健康得不得了，還有大把自由的時間，但通常沒什麼錢。六十歲、七十歲以及更年長的退休人士（另一個極端的年齡層）則是有很多時間，而且通常比年輕人有許多的錢；但可惜的是，他們的健康狀況比較差，所以比較無法像年輕人那麼享受自己擁有的時間和金錢。

在這兩個極端之間是怎樣的狀況？我認為這個時期是真正的黃金時期，因為它通常包括了健康加上財富，這樣是很不錯的組合。例如，三十五歲的人還很健康，可以做二十五歲的人可以做的大部分事情，可是收入又

高了許多；四十歲的人（甚至更多是五十歲的人）通常比三十歲的人健康狀況稍差，但仍然還算是很健康，而且一般會比二十五歲或三十五歲的人收入高。因此，在這些中間年齡層的人（他們既不是很年輕，也沒有很老），多半面對的是另一個不同的問題：他們面臨著時間緊縮的問題，特別是如果他們有孩子在家裡。所以，這種時間限制是他們擁有正面人生體驗的最大障礙。並不是說孩子不能帶來大量正面的人生體驗，他們確實真的可以帶來這些體驗，但在換尿布、開車載小孩去參加各種課程和練習、照顧一大家子之間，你就比較難有時間可以累積的那些特殊的體驗。如果你沒有孩子，但發現自己工作賺錢的時間比二十多歲時還長，那也是一樣。

想要在任何年紀都獲得最正面的人生體驗，你需要用資源較多的部分做交換，才能多得到資源稀少的部分，來平衡你的人生（圖6）。

圖 6：在健康、金錢與時間三者之間轉換的平衡

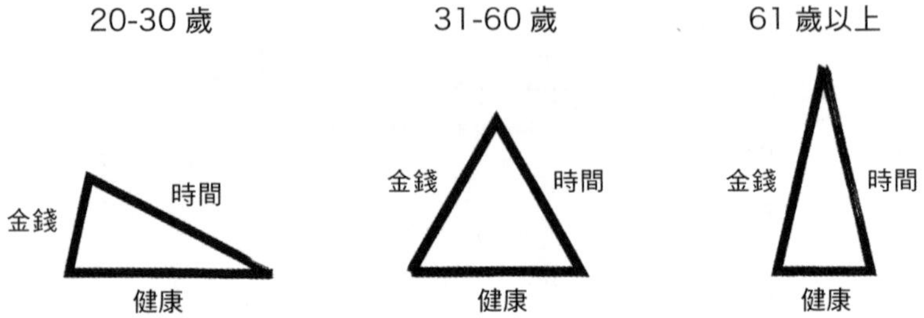

每個年齡對於健康、金錢與空閒時間之間平衡的傾向都不同。要擁有滿足感的話，則這三者都要達到合理的數量，所以在不同年齡時用大量的其中之一（例如金錢），來換取更多的其他兩者（例如買到更多的健康與空閒時間）會是個好主意。

每個群體在某種程度上都是這麼做，雖然我認為大家把重要性搞錯了。具體來說，年輕人會用自己大把的時間跟金錢交換，有時候甚至太過頭，他們應該比大多數人更珍惜自己自由的時間。老年人會花很多錢來改善自己的健康狀況，或者至少是為了治療疾病。處於中年階段的人則有時候會用金錢換取時間，而且他們擁有的錢越多，就應該越用錢來換取時間。

大多數上班族太在意要賺到更多的錢。讓我來解釋為什麼把注意力放在健康和空閒時間上面會產生更多個人的滿足感。

你的健康比你的錢更寶貴

不管在哪個年紀，沒有什麼比你的健康對你能不能享受體驗影響更大。事實上，健康真的比金錢更寶貴，因為再多的錢也無法彌補健康狀況很糟，而健康狀況良好但沒什麼錢的人仍然可以擁有很多美好的經歷。

還有，不僅僅是在健康很糟的極端情況下是如此。光是體重過重就會影響你享受人生，因為超出的體重可能會讓你的膝蓋要承受額外的重量。我敢打賭，你有認識一些人，由於膝蓋不好或肌肉無力，或對自己的身體狀況有自知之明，會避開其他許多人都喜愛的活動，例如爬山、玩高空飛索、或在海灘上享受海水和陽光。也許他們會和其他人一起去爬山，但他們氣喘吁吁，真的很難覺得好玩，沒什麼樂趣可言。這些人當中，有些人年輕時甚至可能是運動員；只是當他們不再做體能訓練時，就只是繼續增加熱量，直到超重十幾或二十幾公斤。這種情況很容易發生，特別是那些工作消耗了他們大部分清醒的時間和精力、需要整天坐在電腦螢幕前的人。那這是何苦呢？辛苦工作雖然最後讓你賺了大錢，但你是否還擁有能夠享受這種成功的關鍵要素（健康）？

醫護人員之所以比我們多數人更瞭解這個問題，正是因為他們看到了許多痛苦的病人。但是，即使是從事醫療工作的人也難免忽視自己的健康。讓我來舉一個例子，這個例子最後有個快樂的結局。史蒂芬・斯特恩（Stephen Stern）是麻塞諸塞州的一名手療師，他曾公開講述自己幾十年來與體重奮戰的經驗。他幾十年來都幫身體疼痛的病人治療，卻任由自己體重直線上升。他減掉了一些體重，開始運動，但之後停止了運動，體重馬上又增加回去，之前努力運動鍛鍊出來的體能就全沒了。43

當斯特恩五十九歲時，他終於覺悟到，不能任由自己這樣下去——如果他想避免自己跟他那些運氣沒那麼好的病人走上同樣命運的話。有一篇關於他的文章寫到，「他看到跟他同齡以及更年輕的病人無法再做自己喜歡的事情——不但是因為受傷或生病，而且常常只是忽視了自己的身體。他知道，當人們在人生的這個階段失去身體活動的能力時，往往就再也回不去了」。

所以斯特恩決心在六十歲之前再次瘦下來。這一次，他採取了比過去較為循序漸進的健身方式；因為他的身體無法再承受以前年輕時的高強度訓練，但他仍然能夠藉由走路和健身操瘦下來。這種緩慢而穩定的方法奏效了：他以前的膝蓋疼痛消失了，到六十六歲時，他發現自己可以完成很厲害的肌力和平衡項目，像是屈膝倒立。他努力瘦身終於有了回報，不但重新有了自信和能力，也獲得了他本來不會有的快樂經歷，例如和女兒一起登山，爬到山頂。雖然他現在可以做很多三十歲的人都做不到的事情，但他知道自己永遠不會像三十歲的人那樣健壯。他真正完成的是以他年紀而言的健康顛峰。「我是一個年長的人，而且我是以一個年長者的方式運動！」

像斯特恩這樣的故事很具有啟發，因為我們都喜歡聽到永遠不嫌晚的故事。但這不是我跟各位說這個故事的原因。現實的狀況是，有時候要扭轉幾十年下來的忽視和虧待真的太晚了，這一點斯特恩很明白。不過，即使現在還不算太晚，越早開始投資你的健康總是比較好。我真正想表達的是，不管在哪個年紀，改善健康會改善你人生中的一切，使得每一次體驗都更加快樂。

在我們顯示這三者的圖形中可以看出——要從體驗中獲得的滿足感需要有健康、金錢和自由時間——健康是影響人一生滿足感曲線大小的最大因素（或乘數）：我們的模擬狀況顯示，即使在一個人生命中的某個時刻，健康有小幅下降，也會使此人一生的滿足感得分大幅下降。

為什麼比起自由的時間或金錢，健康更能夠加倍提升滿足感？這是因為每當你在享受一種體驗時，會消耗時間，而且大多數體驗也會消耗金錢，但健康卻不是這樣。從這一年到第二年，無論你有什麼經歷，你的健康只會有一點下降，所以你今天還是和一年前一樣差不多健康。但是一旦你在某一年消耗完了你的自由時間，這些時間是無法在下一年還有。剩餘的錢可以從這一年留存到下一年，但你在某一年用掉的錢，也跟時間一樣無法到下一年還有。因此，除非你突然得了重病或遭受永久性傷害，否則你的金錢和時間的消耗速度要比你的健康快得多。所以，哪怕你只是採取小小的步驟來改善自己的健康（例如，只改善百分之一的健康狀況），健康一改善了，就會持續提升你後續每一次體驗的滿足感。

從這個觀察中可以看出一個明顯的含意，而且想必你也已經聽說過了：所有年齡層的人都應該在他們的健康上花費更多的時間和金錢。沒有哪個年齡層的人在健康方面的花費比老年人更多，他們的醫療支出都是為了治療退化性疾病、控制疼痛和延長生命。不過越早開始投資在健康上，其實可以產生越大的人生滿足感。像正確飲食和強化肌肉這類的預防性措施，都有助於你儘量長期維持最好的健康狀態，並且使每次體驗都更加開心。我指的不僅僅是能夠滑雪到七十多歲、而不是玩玩沙狐球（shuffleboard），或者能夠打網球、而不是打匹克球（pickleball）*。不，即使是簡單的日常活動，像是上下樓梯、從椅子上站起來，或提著生活日用品，在你身體強健、沒有多餘的體重讓脆弱的骨頭和肌肉上支撐著時，也比較輕鬆愉快。試想：若是出門遊覽、玩單板滑雪、或跟小孩子玩一天，你三兩下就累了，那會多麼影響到那一整天的樂趣。而且想想，你未來可能有多少天會是這樣！

——＊中文注：前者是一種在桌上推圓盤的遊戲，後者是一種結合羽球、網球與桌球特色的球拍型運動。

這就是為什麼我喜歡做跟健康相關的賭注——一個人若無法跑完馬拉松，或者無法減掉一定的體重，我就會用大得離譜的金額做賭注。這類賭注我做的不勝枚舉，而且我覺得效果很不錯，因為完成一個重大的健康目標，可以真正改變人生，其價值遠遠超過賭注的金額。近來我最喜歡的一個賭局（儘管我輸了）是跟兩個我在撲克界認識的年輕人有關，他們是傑米和馬特．斯特普斯兄弟（Jaime and Matt Staples）。在賭局開始時，傑米是個肥子，而且毫不避諱過去一直想要減肥，而馬特則是有點體重過輕，他想增加肌肉。為了激勵這兩兄弟朝自己的目標邁進，我跟他們打賭：如果在一年內，他們達到相同的體重（嚴格來講，兩方差距在半公斤以內），就可以從我這裡得到一筆鉅款。

他們的轉變非常大，令人十分驚訝：傑米減了快五十公斤的體重，而馬特增加了二十幾公斤，其中大部分是肌肉。你可以在網路上看到他們前後模樣的照片。**44**他們顯然很高興贏得賭注，對自己的成果感到自豪——但就算他們在接近的情況下輸掉了賭注，金錢上的損失（只有我賭注的五十分之一，因為我們將賠率設定為50-1）也是值得的，因為他們的健康改善很多，尤其是以他們的年紀來說。他們會因為身體變健康了而有更很多年的時間來享受人生，並且獲得更大的滿足感。改善健康狀況不只在以後可以過著更好的退休生活，對健康的投資就是對接下來每一次體驗的投資！

不要低估自己的時間價值

我認為營造一個比較平衡的人生，能讓人更有機會用錢換取自由的時間，這種策略通常在一個人的中年時期影響最大，因為這時候你的錢比時間多。最具代表的例子就是洗衣服，這是每個禮拜都要做的家務事，很耗時，大家都不想做，而且在許多地方，可以交由專門提供洗衣服務的外部公司去做，價錢並不貴。讓我先釐清一下：假設你的工作時薪是四十美元，假設每個禮洗衣服要花你兩個小時，因為你在這個家務事上動作慢、效率差。一個擁有更好的設備、每天一整天都在洗衣服的專業洗衣公司要比你有效率多了，就算收你五十美元或更低的費用，你還是有賺。每週花五十美元買一項服務，拿走你一個禮拜的髒衣服，然後在下個禮拜把衣服乾淨整齊地疊好，這值得嗎？絕對值得，因為若以你每小時時薪四十美元來算，你兩小時的時間就值八十美元。就算你沒有拿這些時間來賺錢也是如此；你可以利用這些時間帶孩子去公園，或讀一本書，或跟朋友一起吃午餐，或做任何比洗衣服更喜歡的事情。

洗衣服只是一個例子，同樣的道理也適用於任何沒人愛做的家務事，例如打掃家裡。對我來說，外包似乎可以完全不費吹灰之力——所以我從二十幾歲就開始這麼做了，當時我的收入還很低。即使在那時，我也會選擇在週六上午在中央公園溜冰，去「紐約早餐女王」（Sarabeth's）吃早午餐，而不是打掃我的公寓。感謝上天，我選擇了花這些錢，因為一輩子我都會記得許多愉快的週末。

你的錢越多，就越應該運用這種策略，因為你的時間比你的現金還要稀缺，而且很有限。我不斷在用金錢換回時間。我一天所擁有的時間永遠不會超過二十四小時，但我可以盡自己所能，盡力騰出有限的時間。

這不只是我的個人經驗或經濟上的論點。心理學方面的研究也支持我的觀點：花錢來節省時間的人，無論收入多少，對人生會感到滿意許多。[45]換句話說，你不一定要是富豪才能享受到花錢挪出時間的好處。此外，有另一項同時進行的實驗，是給一些在工作的成年人錢，讓他們花在節省時間上面（另一組工作的成年人拿到同樣的錢，但讓他們去買實際的物品），研究人員透過這個實驗可以瞭解到，為什麼花錢節省時間的人會比較快樂：他們發現，使用節省時間的服務可以減少時間壓力，而減少時間壓力可以改善當天的情緒。如果一直重複這麼做，日常生活的心情變好，整體生活滿意度就會提升。

我覺得這是說得通的，但我也認為，除了緩解時間壓力之外，還有其他事情發揮作用。我是這樣認為：如果你花錢讓你不必去做不喜歡的事情，就等於同時減少了負面人生體驗的數量，而增加正面人生體驗的數量（因為你現在有比較多的時間可以去體驗）。這怎能不使你對自己的生活覺得更滿意呢？

你或許會有些遺憾地體認到，過去自己所維持的平衡是錯的，例如，假設你現在是三十五或四十歲，而你在二十幾歲時，幾乎把所有的時間都花在賺錢上，所以錯過了很多美好的體驗。雖然你永遠不可能找回那些歲月，但你現在可以嘗試重新平衡自己的人生。因此，你現在需要真正專注於擁有更多的體驗，同時保持良好的健康，並且要比跟你同年、但沒有把所有時間換取金錢的人花費較多的錢。只要能擁有那個當下，就會是一個很棒的體驗。

你的個人利率

各位知道我是如何提出，你從金錢中獲取樂趣的能力會隨著年齡下降的論點嗎？關於這一點，我的推論是，你的年齡越大，要讓你延遲體驗就得支付你越多的錢。應該要付你多少錢就是我所說的**「個人利率」**——它會隨著你的年紀上升。這個想法對從事金融業的人來說立刻就有感覺，因為他們習慣思考利率和金錢的時間價值。讓我解釋一下。

假設你是二十歲，在這個年紀，你可以承受得起將體驗延後一或兩年，因為你通常可以在以後擁有類似的體驗。因此，你的個人利息很低——不需要付你很多錢，你就會願意延遲這個體驗。假設今年夏天你想去墨西哥旅行，但你的老闆跟你說：「今年夏天我這裡真的很需要你。我知道你想去墨西哥旅行，但你可以考慮明年夏天再去嗎？我可以幫你付旅費的百分之X。」好吧，是個有趣的提議。那麼，要百分之多少你才會答應？百分之十？百分之二十五？

現在假設你是八十歲。就這一點，延遲體驗會變得昂貴許多，所以你的百分之X必須要比你二十歲時高很多。即使有人願意付給你百分之五十的旅費，要你延後旅行，你應該沒必要接受這個提議，因為你八十歲時的個人利率可能高於百分之五十，甚至還可能高於百分之百。

萬一你得了絕症會怎樣？一旦你知道自己一年後將不在人世，你的個人利率就會大增，不管多少錢都不能讓你延遲寶貴的經歷。

所以，你的個人利率會隨著年齡而上升——但不幸的是，我們並沒把這當回事。可是，如果這個個人利率的概念對你有用，那麼當你考慮花錢買一種體驗時，請將它謹記在心，這可以幫助你決定，現在花這個錢是否值得，或者要把錢存起來，留到下一次。

你願意嗎？

如果個人利率的概念不適用於你，你可以從一個體驗的簡單倍數來思考。那就是著名的棉花糖測試，由史丹福大學的心理學家沃爾特・米歇爾（Walter Mischel）在一九六〇年代創建，是為學齡前兒童所設計的。它的測試是這樣：你願意現在吃一個棉花糖，還是十五分鐘後吃兩個棉花糖？很多三歲的孩子可能會說他們寧願在十五分鐘內吃兩個棉花糖，但是當那個誘人的棉花糖一擺在面前，很多孩子就等不及了。成年人的延遲滿足能力通常會比較好——常常是到了延遲滿足不再對他們有利的地步。實際上，他們選擇的不是現在的一個棉花糖或十五分鐘後的兩塊棉花糖，而是十年後的一塊半棉花糖！

當以這種方式呈現時，錯誤似乎就很明顯。那麼，你要如何將這個邏輯應用在你消費的選擇上面？當你面臨一個選擇，好比說，是下次放假去旅行，還是把錢留著以後用，這時不妨問問自己：「你是願意現在去旅行一次，還是X年後去兩次這樣的旅行？」接著來看如何計算出X是多少。每當你有一些可自由支配的收入，無論是十美元、一百美元、還是一千美元，或者更多，你都可以做選擇。你可以現在就把錢花掉，也可以留到以後。如果你存起來，這些錢有可能增加，因為除非你是放在床墊下面，否則你會拿去投資在某個報酬率有望高於通膨的東西（如股市）。這個扣除通膨率後的利率就是所謂的「實質報酬率」。你讓投資增加的時間越長，最後得到的錢就越多——因此若干年後，你的本金（例如，一百美元）可能翻倍（到兩百美元），甚至漲三倍（到三百美元）。實質報酬率各不相同，但讓我們以8％的年化報酬率為例。（這會稍微高於平均市場報酬[46]——同樣是經過通膨調整後）。按照這個報酬率，你的一百美元在五年內會變成146.93美元。十年後，它會變成 215.89 美元——完全夠買到兩個你現在想買的任何體驗。

問題是，你是否應該要等個九到十年，才去擁有兩個你今天就可以擁有的體驗？這完全取決於你，而你的答案很大一部分取決於它是什麼樣的體驗——這也是應該的。為了讓你考慮要選擇現在的一次，還是選擇以後的兩次或更多次，這個體驗必須是可以複製的。（像婚禮、家人和最好朋友的畢業典禮，這種一生一次的大事顯然就不能。）你還得考慮，如果延後，這個體驗是否可能其實會更好：有時候透過等待，你可以用額外多出來的錢去買同樣一種、但明顯更好的體驗。例如，我可以告訴你，四十歲時去拉斯維加斯體驗，要比二十歲時去好得多，假設你是那種四十歲比二十歲時顯然有錢許多的人。那就像兩個不同的拉斯維加斯。我並不是說二十歲的人不應該去拉斯維加斯。我的意思是，有些時候需要延遲滿足，因為這樣做會帶來比較多人生體驗的意義。

所以這取決於你想擁有的體驗。但總的來說，如果你問問自己「你願意嗎?」我認為你會發現,當還年輕時,你會自然地選擇延遲,而當你年紀大了,你會選擇避免延遲。如果你是二十歲,你的答案可能會是你願意等待。為什麼?因為十年後,你可能還是跟現在差不多健康,而且兩次旅行比一次好。但是,如果你已經七十歲了,你可能不想等到八十歲!你的健康狀況不斷下降——這意味著如果你延遲去體驗,可能再也無法獲得這個體驗——已在告訴你,你現在就應該要去體驗。

所以你看,用「你願意嗎?」來思考,其實和用個人利率思考是一樣:你年紀越大,就越不願意延後體驗,即使給你很多錢,你也不想這樣做。

如何有最大的滿足感:關於「死前財產歸零」的應用程式

在本章中,我一直在講要平衡人生中的花費和儲蓄。我已經概括解釋過，你應該把花費轉移到合適的年齡。而且你也明白，最影響你能否享受生命活力的三個因素就是：健康、自由時間和金錢。但是，如果你的目標是讓一生中的享受最大化，那就代表要算出每年應該要花多少錢，而這個數字會因每個人的狀況而異。

為了找到這個數字，我需要一個電腦應用程式，將每個人的個人狀況納入其中，然後做一連串的計算，以決定此人最理想的支出方案。我很高興的說，在一位經濟學家的幫助下，我已經開發了這個應用程式。現在，使用這個應用程式並不需要花費你太多的生命活力；只要遵循本書中的建議就能做到。但是，如果你想做得更好，如果你想榨出自己每一滴的生命活力，這個應用程式可以幫助你。要瞭解更多關於此應用程式的資訊，以及它能提供哪些幫助，請查看本書附錄。

建議

- 想一想你目前的身體健康狀況：你現在能夠擁有什麼樣的人生體驗是你以後可能無法擁有的？
- 想一想你可以用什麼方式投資自己的時間或金錢來改善健康，從而提升未來所有的人生體驗。
- 去瞭解如何改善自己的飲食習慣，讓自己更健康。在很多關於這個主題的書籍中，我最熟悉並一直推薦的就是喬・傅爾曼（Joel Fuhrman）醫學博士的《傅爾曼醫生教你真正吃出健康》。
- 多做一些你原本就喜歡的體能活動（例如跳舞或健行），這也會幫助你更能享受未來的各種體驗。

- 如果你享受體驗的能力比較受限於時間，而不是金錢或健康的因素，那不妨想一兩種方式，讓你現在可以花一些錢，騰出更多自己的時間。

第7章

開始為你的人生設定時間表

法則#7
把人生看成是不同的時節

在我女兒們還小的時候，我們很喜歡一起看《小熊維尼之長鼻怪大冒險》(Pooh's Heffalump Movie) 這部電影。我認為這是最棒的兒童電影，是一個關於友誼的故事，很溫馨又天真。我們看了很多遍。然而，在我小女兒十歲的時候，有一天，我說我們來看小熊維尼的電影，但令我吃驚的是，她變得一點興趣也沒有。突然間，她覺得自己太老了，不適合看這個電影了！

如果有人先告訴過我，我的孩子在某一天之後就不想看小熊維尼的電影了，我可能會和她多看幾遍。遺憾的是，在現實生活中，你很少能得到一個確切的日期，知道自己什麼時候不再能做某件事情——這些事情似乎就漸漸消失。而且在它們消失之前，你不會想到它們會逐漸消失，你只是想當然地認為，有些東西會永遠存在。但是，當然，它們不會。這的確很可悲，但也有好消息：只要體認到它們不會永遠存在、所有一切最終都會消逝和滅亡，會讓你更加珍惜現在與當下的一切。

這整本書的前提是，我們都會死，而且隨著年紀的增長，我們的健康會逐漸變差，這是一個冷酷的事實。但關於「死亡」還有一個不那麼明顯的真相，對我們應該如何度過人生有重要影響：我們在一生中都會死亡多次（我很快會解釋）。本章會探討這個普世過程的實際含意，也就是從你生命中的一個階段進入下一個階段的真正意義。此外，本章還會介紹一項工具（稱為人生時段），來幫助各位規劃自己的人生體驗。

沒有明確的終點

我跟女兒一起看小熊維尼的經歷只是其中一個例子：好幾年來，我一直以父親的身分，跟年幼的孩子看自己喜歡的兒童電影。但後來有一天，我生命的那個階段和她們生命的那個生活階段就消失了。當然，我還在，我仍然可以和我的女兒們一起享受其他的體驗，例如，看她們的足球比賽或舞蹈表演，以及帶她們去旅行。然而總有一天她們會長大，那個版本的我也會消失。同樣，由於我自己不可避免會變老，總有一天，我是最後一次去玩滑水、最後一次參加撲克牌錦標賽，或最後一次能夠登上飛機，飛往異國他鄉。這些最後一次的經歷當中，有些會比其他的來得更早，但所有的最後一次肯定會在（希望）遙遠未來的某個時刻到來。

我不是想講得讓大家覺得毛骨聳然，也不是想搞得太過陰鬱，好像就要死了。我要講的重點是（而且這一點很重要），我死亡的那一天和我不再能夠享受某些體驗的那一天，是兩個完全不同的日期。這對每個人來說都是如此。

這就是我說我們在一生中會死亡很多次的意思：青少年的你已死亡，大學生的你已死亡，單身的你已死亡，嬰兒父母的你死亡，諸如此類。一旦這些小小的死亡發生，就無法回頭了。也許「死亡」聽起來有點刺耳，但你明白這個意思：我們都在不斷前進，從生命的一個階段或時期前進，然後進入下一個階段。我知道，這樣的話，死亡和厄運也未免太多，但往好的方面想，我們有很多次生命可以活，可以享受，可以發揮最大效益！

把這些生命發揮最大效益的挑戰不僅是我們無法走回頭路。回想一下你自己過去的經歷。你最後一次出門和童年朋友一起玩是什麼時候？在你敬愛的教授去世之前，你最後一次跟他或她交談是什麼時候？即使你能回憶起確切的日期，你可能也無法預先知道。不像學校的每個學年和出門度假，我們人生中大多數的時期就這麼到來、然後就這麼結束了，不會大張旗鼓宣布。這些時期可能會重疊，但遲早都會結束。

由於人一生中經歷的各個階段都有這種最後的終結，在這些可以去體驗的機會永遠消失前，你能延遲某些體驗的時間就只有這麼一段時期而已。我能想到的最好比喻是一組不同的游泳池，就是一些大型度假村經常有的那種——通常有一個小孩子玩水的淺水池、一個為大孩子和青少年準備的帶滑水道游泳池、一個成年人專用的游泳池，或許會有一個有泳道的游泳池，還有一個專門為老年人準備的游泳池。在每個游泳池你可以想待多久就待多久，但只能遵循那個池子的游泳規則。

所以，如果你的年紀已經超過去兒童游泳池的年齡、但還沒有學會游泳，你可以去青少年游泳池，而且之後還可以去成人游泳池；但如果你不再是青少年，就不能再玩滑水道了！不管你多會游泳，也不管你多麼後悔年輕時害怕滑水道，都是一樣。同樣，在現實生活中，你可以安心地將一些體驗延遲到未來——如果你在二十幾歲時沒去某些旅行或參加某些運動，可能你在三十幾歲時還是可以參加——但將親身體驗從一個時期轉移到另一個時期並全心投入，這種能力是有限的。事實上，當大多數人一拖再拖時，大家似乎並沒有真正意識到，這種能力比自己知道的還有限。有些人表現得好像自己一輩子都依然能使用兒童游泳池和青少年游泳池，或者他們這輩子就是一個大游泳池，隨時可以使用。但隨著時間的流逝，他們發現自己實際是在老年池裡，還問自己怎麼會在那裡！

無悔的人生

各位明白我說的嗎？面臨過度延遲滿足、結果造成遺憾的這個問題，並不會只發生一次——不會只發生在一個人的生命盡頭。它反而會發生在你生命中的每一個時期，從只知道讀書、為了所謂更美好的未來而犧牲太多、從而錯過高中時期所有樂趣的青少年，到為了一個又一個工作升遷而不斷努力的中年父親，結果一再跳過與自己青少年孩子那些不可取代的經歷。有時候，人們在機會之窗就要關閉之前才體認到自己的錯誤，例如在孩子們準備離巢的時候，而有時候醒悟到這一點時已經太晚了，已經於事無補，除了在自己即將進入的下一個人生階段做改變。

不過最可悲的是，一個人面對自己的死亡時才意識到這點，這時，除了與自己的過去和好之外，真的來不及改變什麼了。

對於我們這些仍有時間做出改變和調整的人來說，閱讀或傾聽其他人的臨終遺憾可能會帶來啟發，甚至是鼓勵。

其中當然有很多是特殊狀況，不過，如果你聽了幾十個關於臨終前感到遺憾的故事，就會發現裡頭有一些共通的模式。有位名叫布芮妮・魏爾(Bronnie Ware) 的澳洲婦女，她是緩和醫療的照護人員，專門看顧生命只剩下幾週的病人。她會跟病人們聊天，談談他們會希望自己在人生中有做了什麼不一樣的事情。她發現有五個最常出現的重大遺憾。在她一篇廣為流傳的網路文章和隨後出版的書中，她描述了這幾個重大的遺憾，其中有兩個最常出現的遺憾[47]跟我要講的事情最為相關。

她的病人認為，排名第一的遺憾是希望自己有勇氣，忠於自己，去過自己想要過的人生，而不是按照別人的期望過人生。這個遺憾是沒有追求自己的夢想，結果也沒有實現這些夢想。如果你忽略了自己在人生中最重視的東西，而去追求社會傳統所強加給你的道路，就可能在生命結束時覺得有遺憾。在美國的文化中，大家往往只重視辛勤工作和賺錢，而忽視了其他重要的價值（例如休閒、大膽嘗試和關係），因此有這種遺憾的人，在臨終時會希望自己沒有做出這種犧牲是可以理解的。正如有句俗話說，「沒有人會後悔自己沒在辦公室花更多時間」。

第二個遺憾跟第一個有些類似（其實是魏爾男性病人中排名第一的遺憾）：「我真希望自己沒有那麼努力工作。」這句話一針見血，就是我在宣揚的核心要點。魏爾寫道：「我照顧過的所有男性病人都對自己在人生中花那麼多時間工作深感懊悔。」女性也有這種遺憾，但是，魏爾指出，她的病人屬於上一代，當時很少有女性出外工作。而人們在說自己後悔如此辛苦工作時，並不是在講養育孩子有多辛苦；他們講的是，自己為了負擔家計，努力工作賺錢，結果錯過了「自己孩子的青春時期以及跟自己伴侶在一起的時光」。

現在，請先深呼吸一下。我瞭解，講到死亡和人生遺憾的種種事情，聽起來都令人非常沮喪。我瞭解，我在試圖讓你察覺到自己最終會永遠失去什麼，等於是先讓你感受悲痛。可是信不信由你，思考即將到來的失落，其實可以使你比較快樂。有一項非常具有啟發性、對象是大學新生所做的實驗，即點出了箇中原因。心理學家要求一組年輕學生想像自己將在三十天內搬到很遠的地方，然後要他們計劃自己接下來三十天要做什麼：這將是學生們最後一次機會，可以在很長一段時間內，跟大學裡自己特別喜歡的人、在特別喜歡的地點，快樂地相處在一起。簡言之，這些學生被敦促要好好享受自己在校園裡的剩餘時光。然後，在那個月的每個星期，研究人員要求學生寫下他們做了什麼。

另一組新生則沒有被告知要想像什麼，或特別去感受自己的日子——他們只需要記錄自己的日常生活。猜猜看發生了什麼？你可以想像得到，在三十天結束的時候，第一組的學生比第二組的學生快樂許多。不管他們多做了什麼，或者只是設法從自己日常生活中找出更多樂趣[48]，單單只是刻意思考自己的時間有限，就絕對有幫助。

這裡的啟示是什麼？覺察到自己的時間有限，顯然可以激勵各位充分利用自己所擁有的時間。

當到一個新的地點度假時，我們都會有類似的感受。我們身為遊客，很清楚自己在當地只有一個星期或更長的時間，所以我們會提前計劃，確保能儘量去很多的景點、到處遊覽、參加活動和其他在地的獨特體驗。如果我們是去拜訪朋友，我們會確定跟朋友在一起的時間夠長，想要珍惜相聚的每一刻。換句話說，我們會非常有意識地去努力，把我們的時間視為稀缺的資源。

然而，等我們回到家時，做法又非常不同，在家裡，我們很可能把生活裡的日常迷人之處視為理所當然。這不只是因為我們要忙著趕快完成日常的家務事，不然來不及，而且把生活搞得像是一直在度假是不切實際。還有，大多數人就是會覺得，在家裡沒有什麼時間的急迫性；大家的所作所為就好像自己總是會有時間去博物館、附近的海灘，或去找某個朋友。結果，我們晚上大部分時間都在看電視，浪費掉週末的時間。簡言之，當某個東西感覺多到不行、無止無境時，我們就不會那麼重視。但是，現實裡，我們生命中每個時期的時間並沒有那麼多，而且絕對也不是無限的。

跟本書一些其他主題不同的是，這個概念——人生的階段就那麼幾個，每個階段的天數又有限——與金錢無關。是的，人生每個時期都會有一些特定經歷確實和金錢有關，但這些時期的實際狀況和含意卻跟金錢無關。每個人都會說「我一直想去爬這樣那樣的山」或「我一直想帶孩子去這裡那裡」等等的話。像這樣講講都還只是在打算之中。讓我介紹給各位一個簡單的工具，讓各位更能體察到自己人生中的這些時期的時間有限，來幫助大家規劃人生中想要的經歷，並且避免過度的拖延。

從你的「時段」中學習

人生時段是一個簡單的工具，可以幫助你發現自己希望人生是什麼樣子。我建議各位這樣做：先畫一條從現在到死亡的時間線，然後以五年或十年做一個間隔。每個間隔，例如，從三十歲到三十五歲，或從七十歲到八十歲，是一個時段（這是舉例）。

接著，想想在一生中，你希望一定要有哪些重要的經歷（活動或事件）。我們在人生中都有夢想，但我發現，**把它們全都寫下來，列成清單**，是非常有幫助。這個清單不必要很完整；事實上，你現在不可能知道自己這一生想去做的所有事情，因為如你所知，往往在經歷當中，會出現意料之外、其他有趣的事物，而你將會想要去追求。人生就是一趟發現之旅。而在以後的人生裡，你也會重新審視這份清單。

不過我相信你已經有了一些想法，知道自己在某些時候想要有哪些經歷，也許當中有些經歷你想不止體驗一次。比方說，你可能想生一個孩子、跑波士頓馬拉松、爬喜馬拉雅山、蓋一棟房子、申請某項專利、創業、為無國界醫生組織做志工、在米其林餐廳用餐、參加日舞電影節、滑雪五十次、看歌劇、搭郵輪去阿拉斯加、讀二十本經典小說、看超級足球盃、參加拼字遊戲比賽、去黃石公園、秋天時去佛蒙特州、帶孩子去三次迪士尼樂園等等。你懂的。你可以天馬行空發揮創意去想。

你的清單會是你對於你這個人的獨特表達，因為你的人生體驗形塑出了你這個人的樣貌。關鍵點在於，制定清單時，不要擔心錢的問題；錢在

圖 7：填滿你的人生時段

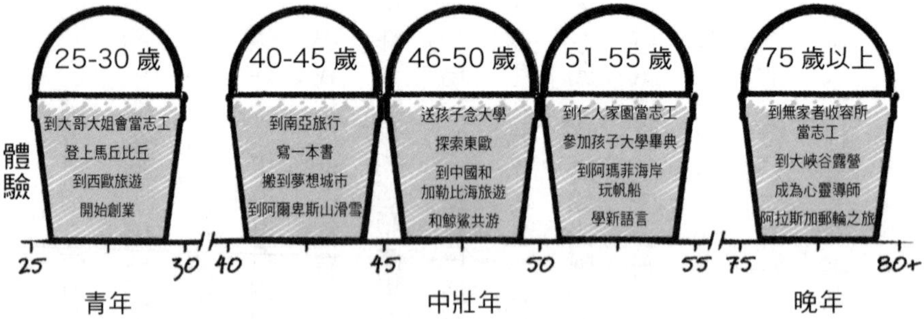

規劃你的人生時段時，你會把一系列的體驗分配到人生中明顯不同的時段裡。

這一點上只會分散你對於整體主要目標的注意力，也就是想像你希望自己的人生是什麼樣子（圖7）。

有了自己的清單之後，接著就根據你理想中覺得要在什麼時候去經歷，開始把每個你希望追求的體驗項目放到特定的時段。例如，如果你想在這輩子滑雪五十次，你希望在哪個十年或五年的時段中有這些去滑雪的日子？在這裡也先不要考慮錢的問題，而是要考慮在你的人生中，你真正想擁有這些體驗的時間點。

其中有些比較容易決定，有些則比較難決定。事實上，你可能對於在人生中想要哪些美好體驗已經有不錯的想法。至於其他「願望清單」上的項目，嗯，例如，你還是可以常常去遠地旅行。但就像我們已經瞭解的，在你四、五十歲的時候去旅行，總是比等到七、八十歲的時候要容易。關鍵是，從今天起，就開始積極和有意識地思考跟規劃自己未來的日子。

一般來說，使用時段的方法會使你開始明白，有些體驗在某些年齡經歷會比較好。例如，在年輕的時候去爬山和參加熱鬧的音樂會，會比較好玩。令人毫不訝異的是，最耗費體力的活動自然就落在時段的左邊（比較年輕的時期）。你可能在八十歲的時候已經沒法去滑雪了。沒錯，有些人在七十幾歲時還能跑波士頓馬拉松。有位名叫凱薩琳・貝爾斯（Katherine Beiers）的女性，她身體特別好，在八十五歲時完成了馬拉松比賽。不過，這些人當然是異數。即使是貝爾斯，她也不是在八十五歲第一次跑完馬拉松，那是她的第十四次。

一切各有時：時段與願望清單

在做這個時段練習時，你會看到一切各有其時。也就是說，你可能會開始察覺到，某些你想要的體驗會跟其他體驗相衝突。或者你可能體認到，除非你現在就開始計劃，否則你想去做的某些事情根本不會發生。

先澄清一下，這份清單與所謂的「願望清單」剛好相反，後者大多是記錄在你「翹辮子」之前希望做的所有事情。比較傳統的願望清單通常是年紀較大的人在寫的，他們是在面對死亡之時，開始擬出一份清單，列出自己還沒有做過的和想追求的事情，而且現在覺得必須要在時間耗盡之前盡快完成。

相比之下，你在規劃自己的「時段」時，你是對於自己的人生採取了一種更積極主動的方式。實際上，你是在展望自己未來幾十年的人生，試圖規劃出自己想要的各種活動、事件和經歷。時段是積極主動的，讓你可以計劃自己的人生；而相較起來，願望清單則是在突然間要與時間賽跑時，一種比較像是為了回應而做的努力。

現在你可能注意到，當你填滿自己的時段，某些體驗會比其他體驗有較大的時間彈性。例如，你仍然可以在年老時去圖書館、看老電影、讀讀小說和下棋。而且不論在哪個年紀，乘坐郵輪都很好玩。

然而，在你開始填滿人生各個時段時，可能會發現，你想擁有的人生體驗並不是均勻落在各個年齡階段。它們反倒是很自然地集中在某些時期，出現在鐘形曲線右側的部分（圖8）。

圖 8：經歷集中在 20 幾歲 vs 傳統的分布在中年

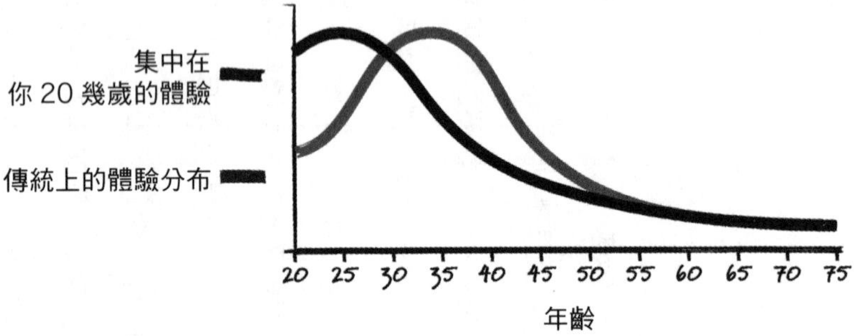

如果沒有金錢上的限制，你的大部分體驗要發生在二三十歲的時候為佳，因為那時你的健康狀況最好。但實際上，大多數人的支出都集中在中年前後。

只要你還是忽略金錢的因素，而且仍然把主要的注意力放在自己的健康和自由的時間上，這個鐘形曲線就可能向左傾斜，因為你會希望在自己最身強體健的時候，在你被當父母的責任限制之前，擁有大部分的人生體驗（特別是那些需要體力的活動），好好享受它們。如果你的人生計劃包括生養孩子，你想和他們一起經歷的事情會晚一點，可能會在你三十和四十歲左右達到高峰。同樣，即使你不考慮體驗的成本，也是如此。

好，請記住，我們一直只關注人生時段的兩個關鍵部分：你的身體健康和你的人生夢想。我們故意把財務問題擱到一邊，因為我們總是很容易就會說，「聽起來真不錯，但讓我們面對現實吧……我負擔不起」來打消我們的夢想。把焦點放在錢上面會分散我們對時間和健康轉瞬即逝這個冷酷事實的注意力。

但錢的問題是現實的，所以請繼續看下一章，我們將討論如何確保在你還有時間的情況下，沒有錯過花錢的機會。

建議

- 如果把整個人生分成時段感覺太難，那麼不妨試試先用三個時段涵蓋未來的三十年。你知道你永遠都可以在清單上加上更多的東西；只要在你的年齡和健康會造成限制之前趕快去做就行了。
- 如果你有孩子，想一想你自己最想跟他們一起看的電影是哪部（我是《小熊維尼》電影）……未來的一兩年內，在他們和你生命的那個階段結束之前，哪個體驗是你想和他們一起經歷很多次？

第8章

瞭解自己的高峰

法則#8
知道何時要停止累積你的財富

我最近慶祝了自己五十歲的生日。那一天，我當然度過了一段美好的時光，但其實那並不是我人生中舉辦過的最大派對。我生命中最大、最棒的派對發生在五年前，當時我在著手計劃自己能夠負擔得起、又最難忘的四十五歲生日宴會。我的想法是把家人跟我人生中各個階段的朋友全部聚集在一起，並把這世界上我最喜歡的一個地方介紹給他們——寧靜美麗的加勒比島國聖巴特，我和我的妻子曾在那裡度蜜月。

儘管四十五歲只是人生半個里程碑，但我知道我不想等到五十歲才有這樣的經歷：我媽媽已經老了，我希望她能夠飛過來，在慶祝生日的活動中好好享受。（我爸爸身體已經很虛弱了，不能旅行，所以我媽媽參加就格外重要）。另外，我的朋友們也都不年輕了！誰知道以後還有沒有機會，把所有人聚在一起？那一年是很合適的時機，我決心要辦成這個生日宴會。我想在自己的餘生擁有這個重要且獨特的回憶。

當然，這得要花一些錢。幸運的是，當時，我因為在能源交易方面的工作頗為得心應手，而且運氣超級好，因此收入相當不錯。不過，我知道錢是每個人都關心的問題，而且我想邀請的人，包括童年和大學時的朋友，很多人都沒那個錢飛到聖巴特，也沒那個錢可以住到當地我看中的僻靜飯店。跟你一起經歷體驗的人會影響到體驗的品質——這點在一生中只有一次的活動中最為真實。所以我知道，如果我想辦成這個獨特的生日宴會，就必須做好準備，為我邀請的許多賓客支付費用。

然而，跟其他人一樣，我的錢是有限的，當我開始計算數字時，我就碰到了自己的極限。舉行這個夢幻派對將會花掉我很大一部分的流動資產總值。不管那一個禮拜會變得多麼令人難以忘懷，在幾天內花掉那麼多錢真的是個好主意嗎？

每當我們考慮要花掉一大筆錢時，都會面臨這個類似的問題。當然，錢的金額因人而異，往往也有重要性與否之分，但核心問題對我們每個人來說都是一樣的：我們花錢能獲得最大樂趣、產生最多回憶的最好方式是什麼？

不過現在，你應該已經知道我對這個問題的答案：投資在能產生長久記憶的體驗上、永遠牢記每個人的健康都會隨著年齡而下降、在你死之前把錢給你的孩子而不是為他們的遺產存錢，還有學會在當下的享受和日後的滿足之間達到平衡。但是，儘管我深信這些原則，我的四十五歲生日宴會還是讓我猶豫了：我不得不要說服自己，好克服在為期一週的派對上投下鉅資的心理障礙，無論那將會多麼令人難忘。我不得不一次又一次地告訴自己，我不會再有第二個四十五歲了，並且問自己，在未來某天我的葬禮之前，什麼時候我才能把自己生命中這些重要的人聚集一起？不過，一旦我克服了這個心理障礙，我便全心投入，全力以赴，打造用我的錢可以辦成的最佳生日宴會。

一生一次的聚會

Taïwana酒店位於聖巴特島上最大的海灣、有著白色沙灘、濱海而僻靜，我在這裡店包下所有二十二個房間和套房。為了安置所有人，我還在旁邊同樣迷人的Cheval Blanc Isle de France酒店預訂了幾個房間。我為幾十位客人付錢買了機票。除此之外，我還安排了乘船出遊和野餐，以及每晚的食物與娛樂節目：一個晚上是壽司和卡拉OK之夜，另一晚是老派的R&B之夜。

我還請來了娜塔莉・莫森特（Natalie Merchant）。我二十幾歲時住在紐約，那時剛開始出社會工作，和一個室友分租一個小公寓，他跟我經常聽《虎尾蘭》（Tigerlily）這張專輯，這是莫森特一九九五年的首張個人專輯。我喜歡那張專輯。我知道娜塔莉・莫森特圓潤的抒情風格將會為這個特殊的夜晚營造完美的氛圍，而且從我媽媽到和我在澤西市一起長大的人都會喜歡。因此，我透過娜塔莉・莫森特的經紀人，安排她到島上舉辦一場私人演唱會，當天我只跟賓客們說會有一個神秘嘉賓現身。

私人演唱會的那個晚上，就跟你能想像的一樣美妙。我記得我從身後環抱著我的妻子，只是聽著音樂，聽莫森特講述她如何創作其中一首歌曲的故事，我還記得自己瘋狂地喝著香檳。我看到我媽媽和這位偉大的歌手聊天，真的很棒。但不只是音樂會令人難以忘懷——那次旅行的一切，也是永遠不會改變。

想像一下：在一個晴朗無雲的日子裡，你從你的房間走到美麗的海灘，溫柔的海浪拍打著海灘，無論往哪裡看，你看到的都是自己所愛的人。你看到你大學時最好的朋友，然後你再走幾步，瞥見了你工作時最好的朋友。你的媽媽正從她的小屋出來。你看到其他要好的朋友在他們的陽台上或游泳池邊，每個人都對周圍的美景感到讚嘆。而且每個人都很開心！相信我，一起有這種共同的體驗是最棒的感覺。在某些時候，我真的有這樣的想法：天堂應該就像這個樣子。這種感覺一次又一次出現在我心中。整個星期在各方面都很棒，而且在我的大腦停止運作之前，我永遠不會忘記。

直到今天，我身旁的人還在談論那一個星期，而且常常每隔一段時間就會發生一些小事，讓我想起那個美妙的聚會，所有那些美好的感覺又再度湧上心頭。我在腦海中重溫那些日子和夜晚，感覺幾乎和真正在那裡一樣好。在我生命的盡頭，我相信我的快樂都會來自於自己的記憶，而聖巴特之旅將是最重要的其中一項。

這是為什麼我完全不後悔在那個禮拜裡花了那麼多錢，也不後悔我沒有等到五十歲生日才去辦這個一生難忘的聚會。事實上，在我五十歲的時候，我父親已經去世，我母親的健康狀況也不幸地大幅衰退。我的兄弟和兩個姐妹都在，但我的一些朋友無法參加。從我的角度來看，五年前我花錢辦了那個特別的聚會，是一個非常好的決定。

或者說……在我四十五歲的時候，我是可以不必花錢去辦那個奢華的宴會。相反地，我可以只看著自己每月的投資存款和 IRA 報表來慶祝我的生日。但那會是什麼樣的回憶呢？

聽著，我們許多人都傾向於延遲現在的滿足感，為未來儲蓄。而延遲滿足的能力對我們的確有好處。能夠按時上班，支付日常開銷，照顧孩子，把食物放在桌子上：這些是基本的日常生活。可是實際上，延遲滿足只在一定程度上會有益處。如果你每天過度忙於工作，就很可能在某天早上醒來時發覺，自己可能已經拖延了太多。而且，在極端情況下，無限期的延遲滿足意味著**完全沒有滿足**。那麼，哪些時候不拖延比較好呢？

嗯，有幾種方式可以回答這個問題。一種是逐年來看，正如「生活要平衡」那章講述的：在你的一生中，你必須平衡當下的支出和未來的儲蓄。最理想的平衡是逐年都有變化，因為你的健康和收入可能每年都在改變。

關於什麼是最好的平衡，這個問題有另一種方式可以回答：以整體來看你這一生的存款，本章的重點即是探討這種看待平衡的方式。然而，這並不是大多數人思考支出和儲蓄的方式，所以讓我解釋一下我說的意思。

首先，想想你現在擁有的一切，從你的房子到你的棒球卡收藏，從你在股市的投資總值到你錢包裡的現金。這些是你的所有資產。如果你有任何債務，如學貸或房貸或汽車貸款，那麼把所有這些貸款加起來，然後從你的總資產中減去這個數額。用你擁有的東西減去你欠的東西，剩下的就是你的淨資產。聽起來很熟悉，對嗎？淨資產是一個基本概念，也是我們在本書前面提到的一個概念，當時我們檢視了一些資料，顯示美國人的淨資產中位數往往隨著年齡增長而上升。如果你理解那在討論什麼，那麼你就已經理解了下一個重要的觀點，那就是一個人的淨資產在其一生中不會都是一樣的。

好，接下來要理解的是，你的淨資產在你的一生中不會維持不變。這就是大多數人的情況。在你大部分的人生裡，特別是開始出社會的時候，你只在花當下賺來的錢。在你人生的早期階段，你沒有增加自己的淨資產：如果你住在租來的公寓裡，背負著大量的學貸，還沒有賺到足夠的錢來償還債務，這時候你的淨資產是負數，因為你欠的錢多過你有的錢。

但是，當你還完學貸，並且假設你的收入增加得比支出快，你往往就會開始累積錢，所以你的淨資產開始會從負數變為正數。而且隨著時間過去，它變得越來越高：如果你一直都在工作賺錢，你的淨資產通常會不斷上升，無論上升的速度是慢是快。我不是說一定會這樣——只是通常情況是如此。假設你在二十五歲時的淨資產是兩千美元，到三十歲時的淨資產是一萬美元，那麼你在三十五歲時的淨資產非常可能會比一萬美元高——四十歲時通常會更高，四十五歲時又會再更高。從家戶淨資產的統計資料（按戶長的年齡）可以看出這個趨勢。

或者看一下房屋所有權的比率[49]，因為擁有自己的房子是一種積累財富的常見方式。（你或許不會像看待銀行裡的錢那樣看待你的房子，但不可否認的是，房子也是你淨資產的一部分。）三十五歲以下的美國人中，只有約百分之三十五的人有自己的房子，而三十五到四十四歲的美國人，他們的住房擁有率接近百分之六十，在四十五到五十四歲這個年齡層的美國人，住房擁有率則接近百分之七十。隨著人們年紀的增長，這個數字還要更高。

然而，這些基本的統計資料只是描述了人們目前對自己的淨資產做了什麼，假如他們的目標是儘可能享受自己的人生，這些資料並無法顯示他們**應該**做什麼。那麼，你**應該**做什麼？

這就是我的建議與大多數人不同之處：當你的**淨資產達到最高**時，你應該找到人生中的一個特殊點。我把這個點稱為你的「淨資產高峰」，或只是「你的高峰」。

為什麼應該會有一個高峰——為什麼你的淨資產會達到它應該達到的最高點？首先，請記住，從我的角度來看，你的首要目標是最大化人生的滿足感，將你的生命活力轉換為越多的體驗值越好。要做到這一點，需要在考慮到健康不可避免會下降和終將死亡的狀況下，弄清楚怎樣分配你的金錢和自由時間才是最好。因此，在有些年份你需要存很少的錢（這樣你就可以把較多的錢花在對你有意義的人生體歷上），而在其他年份你應該存比較多的錢（這樣之後你才有比較多的錢可以享受更多、或更好的體驗）。

但設定淨資產高峰還有一個更重要的理由：這會是你死前讓財產歸零的目標點。在某些時候，你必須真正開始動用自己這輩子的存款；如果不這樣做，你最後就會留下沒用到的錢，這意味著你沒有盡自己所能獲得很多的體驗值。這就是為什麼我說你的淨資產會達到它應有的最高點——在這之後，你必須開始把它花在體驗上，同時你仍然可以從這些體驗中得到很多樂趣。這個點，實際上就是你的高峰。

你不能任由高峰的時間點讓機會來決定——為了充分善用你的錢和你的人生，你必須花腦筋確定高峰的日期。稍後在本章，我會提供各位一些指引，告訴各位如何知道和確定這個日期。

但你會有足夠的錢生活嗎？

但在開始考慮花掉自己的錢之前，你必須確保在剩餘的日子裡自己還有足夠的錢生活。這是要留心的重要事項，因為很多人並沒有為退休儲存足夠的錢。雖然我呼籲每個人要極盡所能去體驗人生，但我不想鼓勵不負責任地亂花錢。對於已經達到一定儲蓄門檻的人來說，把你的高峰想成是一個日期——而不是一個數字——是最好的建議。

即使如此，請記住，我的建議是基於我認為怎樣會有一個充實人生的假定；我不是財務顧問，而如果我啟發了你，使你想用不同的方式思考如何管理自己的錢，那麼你最好先跟有認證的財務規劃師或會計師等專業人士一起仔細討論你個人的狀況。

有了這個免責聲明，讓我來解釋我是如何思考和看待儲蓄門檻的。我所說的門檻是一個數字，亦即你最少需要存多少錢。但是，正如你稍後會看到的，這個數字很可能低於認真在儲蓄的人已經存下的錢。這是因為這個門檻是基於避免最壞的情況發生（也就是你還沒死之前錢就用光）所設定；它是你在沒有任何其他收入的情況下、**僅只是為了生存**而需要儲蓄的金額。一旦你達到這個門檻，你就不需要為錢工作，可以開始小心謹慎地動用自己的存款。

那麼，這個門檻要怎麼算出來？嗯，這個數字每個人都不一樣，因為生活所需的費用不同，特別是有居住地理位置的差異。而且如果你還要養活其他人，顯然就會比只有一個人的家庭需要更多的積蓄。但對每個人來說，生存門檻是基於你每年的生活費用，以及你預期從現在起能活多少年。

讓我們看一個例子。假設你每年的生活費用（且讓我們稱之為生存成本）是一萬兩千美元。是的，這確實很低。但我用這個例子不是要告訴你具體需要多少錢，而只是讓你感受一下基本算法是怎麼算出來的。

在這個例子中，我們還假設你現在是五十五歲，在用了壽命預測計算機計算之後，你預估會活到八十歲。因此，你的錢必須再維持你二十五年的生活（也就是說，還有二十五年能活）。那麼你今天在你的戶頭裡需要有多少錢，才能讓你在剩下的人生中有足夠的生存費用過活？

好，為了粗略知道這個數字（不是真正的答案），你只需將每年的生存成本，也就是**一年生活的成本**，乘上會花到這個金額的年數，也就是**剩餘的壽命**：

（一年的生存成本）×（剩餘的壽命）

＝ 12,000 美元 × 25 ＝ 300,000 美元

再說一次，這不是真正的答案。實際上你真正需要儲蓄的金額會比三十萬美元低得多。為什麼呢？因為年復一年你在花用自己存款的同時，這些錢並不是只擺在那裡而已。假設你把錢投資在一般的股債投資組合中，你通常會賺到利息，即使你不再工作，也還會有收入。因此，無論它賺到的利息是否高於通貨膨脹（無論該利息是2%、5%或其他），都多少能彌補你提領出來用掉的成本。

又到了另一個免責聲明的時候了：請一直牢記，即使是股債投資組合，也不一定能獲得高於通貨膨脹的利息。報酬率每年都不同，有時候還差異很大。

不過，為了用這個例子說明，讓我們假設投資的報酬率是高於通貨膨脹率的百分之三。讓我們繼續用這個例子說明，把高於通貨膨脹的百分之三的利息考慮進去。

假設你一開始總共的積蓄是二十一萬兩千美元，第一年花了一萬兩千美元。第一年之後，你會剩下多少錢？是的，你不會只剩二十萬美元。相反地，你會有接近二十萬六千美元。這是因為即使你在年初提領了全部的一萬兩千美元（若是這樣，第一筆一萬兩千美元無法賺取任何利息），剩餘的二十萬美元以百分之三的利息來算，也有整整六千美元的利息。你可以用整整二十五年、每年同樣的提領金額跟利息，繼續算下去

這種固定的年度提款是一種年金（很像你可以跟保險公司購買的年金），而且有一個計算公式（稱為年金的現值公式[50]），可以算出你需要從多少錢開始，才能產生特定的年金。如果你把這些數字放入這個公式，你會發現，最初的二十一萬兩千美元幾乎可以讓你用到生命盡頭。（準確地說，如果你希望讓你的

錢以百分之三的利息和每年一萬兩千美元的花費維持二十五年，你需要先有 213,210.12 美元。）每次提領時，你的初始金額確實會減少，只是減少幅度沒有你想像的那麼大，因為利息為你賺回了你所需要的部分金額。這就是為什麼你只需要每年的生存成本乘上剩餘壽命年數的一部分，因為利息會為你賺回其餘的部分。

那麼這個部分佔比多少呢？從一個簡單的經驗法則來算，我建議百分之七十。在我們上面的例子中，這個佔比實際上超過百分之七十一多一點（因為 213,210.12 美元是 0.7107×300,000 美元）。如果利率更高，你需要來自存款的部分會更低。例如，如果你的利率是百分之五，其他條件都保持不變，你只需要 173,426.50 美元，也就是比百分之五十八還少一點。當然，如果利率是零，你需要用到的錢（全部三十萬美元）就得全是來自存款。但是，百分之七十已經可以涵蓋你大部分的狀況，而且這是一個很不錯又簡單的數字。

這樣的話，讓我們用一個計算生存門檻的基本公式來說明，在這個公式中，生存成本是你每年生活的成本，年數是剩餘的生命年數。

生存門檻＝0.7×（一年的生存成本）×（剩餘的生命年數）

你可以換不同的一年生存成本和剩餘的生命年數來計算。例如，如果你想在佛羅里達州退休，你可以研究一下，看看每年的費用需要多少。當然，你也可以放入更高或更低的年數，看看這些改變對你的生存門檻有什麼影響。

再說一次，請記住，這個生存門檻是最低限度的門檻。一旦你達到了這個生存門檻，你可能還不想就這麼退休——對你來說，繼續工作賺錢，獲得比生存門檻更好的生活品質，還是有意義。但現在至少你可以安心開始考慮是否要動用老本。既然你已經不必擔心基本的生活費用，就可以開始把你的淨資產高峰，做為一個日期來思考，而不是一個數字。

也請記住，你可以利用手上現有資產的資源來達到你的生存門檻。也就是說，如果你現在住的房子是你的，你可以賣掉這個房子，去住小一點的房子，或者，如果你比較想住在目前這個房子，你可以辦理反向抵押貸款。如果你不確定這些錢得要維持你多少年的生活，或者擔心會用完，請記住，你可以用全部或部分存款去購買年金險。

瞭解你的高峰：它是一個日期，而不是一個數字

好，假設你已經達到了你的生存門檻，而且還有多出一些。現在你可以考慮什麼時候動用你的積蓄，追求人生最大的滿足感。同樣，當你這樣考慮自己的淨資產高峰時，高峰不是一個數字（一個具體的金額），而是一個**具體的日期**（與你的生理年齡有關）。就你的財務目標而言，這是兩種非常不

同的思考方式。

我們當中有很多人一直被洗腦，以為應該從數字來看何時開始動用我們的存款：也就是說，一旦我們的儲蓄達到一定的數額，我們現在就可以退休，並開始靠這些存款生活。關於這個數字應該是多少，不乏各種建議。最簡單的建議（當然不可能是正確的），就是教每個人都以一個數字為目標，例如一百萬美元或一百五十萬美元，不管你是什麼人，也不管你住在哪裡。（一百萬美元的存款對於一個住在舊金山、健康又活力充沛的人，和對於一個住在奧馬哈、安靜的宅男來說，怎麼可能都是一樣正確的數字？）沒有一個真正的退休規劃專家會建議一個全天下都適用的數字。

這些專家反而是會給出比較多個人化的建議，也就是根據你實際的生活成本、預期壽命和預測的利率（例如扣除通貨膨脹後的一般年化報酬率為4.5%）來建議一個數字。有些顧問甚至會考慮到這個現實狀況：從開始退休到最後離世，你退休後的支出不會一直維持固定不變，因此他們會告訴你，你剛開始退休時[51]（你的「馬上行動」階段）需要的錢比你在十年、二十年後所需要的錢要多一些。所以，在整個退休規劃的建議中，絕對有不同程度的複雜性。但所有退休的財務建議都會得出一個數字，讓你安穩地開始動用自己的積蓄之前，有一個鎖定的財務目標，可以實踐。

對於那些還沒有存到足夠退休生活費的人來說——可能因為他們的收入太低，不然就是因為太貪心——專注於達到一個財務目標確實是對的。如果在心裡沒有這樣一個精確的目標，那些沒有存夠錢的人顯然很可能最後就落入大家意料之中的最壞情況：錢用完了，然後太老了，無法再去工作了。

但數字應該不是大多數人的主要目標。其中一個原因是，從心理學上來講，沒有一個數字會讓人感覺足夠。例如，假設你得出的數字（以財務顧問推薦的那種計算方法來估算）是兩百萬美元。為了達到這個目標，你告訴自己跟說服自己，如果存到兩百五十萬美元，就能夠享受到更好的生活品質，然後你就可以很容易合理化工作時間更長的狀況。按照這個邏輯，如果你存到兩百五十萬美元，你就可以因為存了三百萬美元而擁有更好的生活品質。那麼，要到哪裡才是盡頭？這就是以數字為目標的問題。為了努力跟上這個一直在變動的目標，你只能不斷埋頭工作，最後拖延自己人生中最好的體驗。

要理解為什麼你應該用日期而不是數字來思考，你需要複習一下這點：享受體驗需要金錢、自由時間和健康這三個條件的組合。你需要這三樣條件，光有錢是永遠不夠的。而對大多數人來說，累積更多的錢需要時間。因此，靠工作更多年來累積比你實際需要的更多金錢，的確是會得到更多的東西（金錢），但也會失去更多同樣寶貴的東西（自由時間和健康）。底線在這裡：更多的錢不等於更多的體驗值（圖9）。

圖 9：金錢的效用會隨著年齡增長而下降

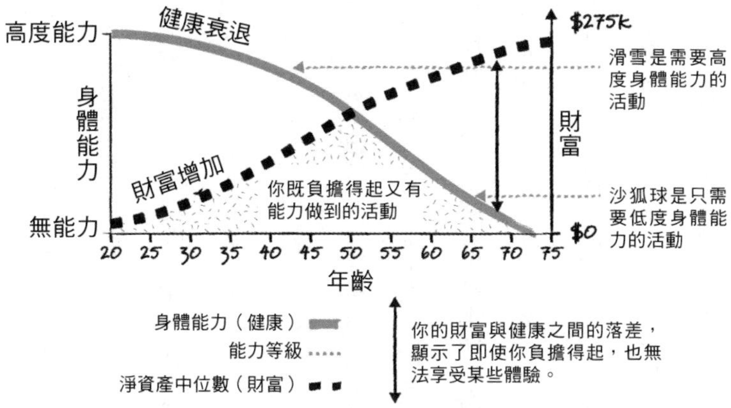

你享受體驗的能力，取決於你的經濟能力（此處顯示的財富曲線）和你的身體能力（健康曲線）。持續積累財富並不一定能為你帶來更多的體驗，因為無論你多有錢，日益惡化的健康狀況都會限制你享受某些體驗。

大多數人忘了，要獲得更多的錢，也需要成本，一心只放在可以得到的錢上面。舉例來說，在其他條件相同的情況下，兩百五十萬美元確實比兩百萬美元能買到更好的生活品質——但其他條件通常是**不對等**的！為什麼？這是因為你每多花一天時間工作，就會犧牲同樣多的自由時間，在這期間你的健康也會逐漸下降。如果你等五年後才停止儲蓄，你的整體健康就會下降五年，完全錯失了某些體驗的機會。總而言之，從我的角度來看，你花在多賺那五十萬美元的時間，並不能彌補（更不用說超過）你所損失的體驗總值：因為你為了賺更多錢而一直工作，結果沒能享受那五年的自由時間。

因此，在存款超過一定的最低生存門檻之後，就不要用金額來思考，而是要把淨資產高峰視為一個日期思考。

當然，有些人已經在想什麼時候停止存錢，也就是設定一個停止的日期。最常見的日期是六十二歲（你最早可以選擇開始領取社會安全福利金的日期）和六十五歲（這時你有資格參加聯邦醫療保險，得到醫療保障）。而且根據你出生的時間，你可以在六十六歲和六十七歲之間開始領取自己全部的社會安全福利金。由於預期壽命越來越長，退休專家普遍建議中等收入的退休人士等到七十歲時再申請社會安全福利金，因為這時他們可以獲得超過百分之百的全部福利。[52]所以，你開始領取福利金的日期和你退休的日期不見得一致，但社會安全和醫療保險的日期似乎對人們選擇在哪個年紀退休會有影響，特別是因為社會安全福利金在大多數人的退休收入中占了很大一部分。不過，這些福利並不是全部的原因：根據皮尤慈善信託基金（Pew Charitable Trusts）在二〇一六年所做的研究，幾乎三分之二的美國勞工說自己計劃工作到六十五歲以後[53]。這是人們**預測**的退休年齡，而不是他們實際的退休年齡。

實際的退休年齡通常比較低，因為人們有時候會在自己預計的時間之前退休——通常是由於意料之外的失業或疾病。這種非自願退休是個重要的考量，因為它似乎影響了近年來一半以上的退休者：根據一項針對近一萬四千名新近退休勞工的研究，在二〇一四年，百分之三十九的退休者是被迫離職，另外百分之十六是「部分被迫」。這些數字如果正確的話，顯示有更多的美國人是在非自願的情況下退休，比官方退休統計數字所顯示的更多。對於年長勞工的年齡歧視，加上非自願失去工作的恥辱，顯然導致一些勞工說他們已經退休，而實際上他們只是被迫離職[54]，而且無法找到其他工作。不管是什麼原因，美國最常見的退休年齡[55]實際上是六十二歲，中位數也是六十二歲[56]，也就是美國人可以開始領取社會安全福利金的年齡。

那麼，你應該在什麼時候真正開始動用自己的積蓄？換句話說，如果你的淨資產高峰是一個日期，那麼這個重要的日期是什麼時候？嗯，它與你的生理年齡有關，而所謂生理年齡不過是對於你整體健康的一個評量。如果以兩個五十歲的人（那是他們的年紀）做比較，一個可能有四十歲的生理年齡，另一個則可能有六十五歲的生理年齡。前一個「較為年輕」的五十歲人（我們姑且叫她安妮）不僅會比後一個「較為年長」、沒那麼健康的五十歲人（貝琪）活得更久，而且直到晚年都還能盡興從事各種活動。由於前頭還有好幾年可以大大去體驗，安妮達到高峰的日期應該會比貝琪晚——這意味著安妮要比貝琪用更長的時間累積存款，然後才能開始花用自己的淨資產，一直到全部用完。

在我對這個主題的研究和計算中，我們現在已經為幾十個像安妮和貝琪這樣的虛擬人物進行了收入和支出模擬，並且納入了關於個人健康、收入增長和利率的不同情況。根據所有這些因素，我們看到不同的淨資產曲線。由此，我們模擬出很多不同的淨資產曲線——每一條都是個人的最佳曲線。在每條最佳曲線之中，人到死亡時的資產正好為零，因此，每個人在死亡日期前的某個時間都會出現淨資產高峰。我們看到的是：對大多數人來說，最佳淨資產高峰出現在四十五歲到六十歲之間的某個時候（圖10）。

讓我們進一步來檢視上述這點。首先，我說明一下，四十五歲到六十歲是時間上的年齡。以安妮和貝琪的例子來說，如果一個人的健康狀況很

圖 10：淨資產累積

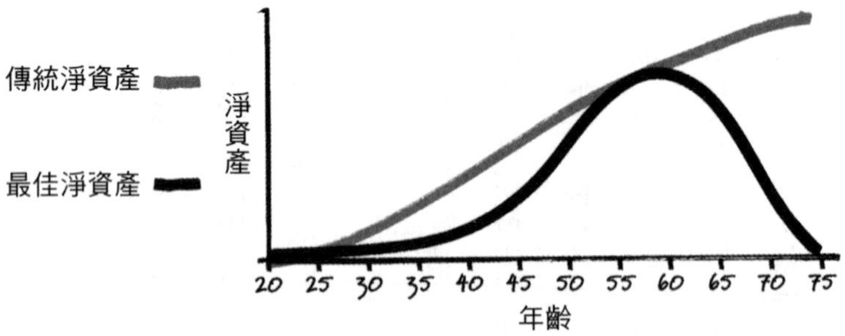

傳統上，人們會持續增加自己的淨資產，直到停止工作為止，並且即使在退休後也不敢大幅動用本金。但為了充分利用你辛苦賺來的錢，你必須更早花掉你的積蓄（對大多數人而言，指的是在 45 到 60 之間的某個時間開始花掉你的積蓄），這樣理論上就能在臨終時財產歸零。

好（因此生理年齡低於時間年齡），那麼高峰會在這個曲線範圍較高的部分。如果是特別健康的人（真正少見的例外），高峰可能甚至超過六十歲。而且，很明顯的是，如果有人罹患了可能很早會死亡的疾病，那麼他們的高峰會在四十五歲之前出現。但一般來說，大多數人是在四十五到六十歲之間達到他們的高峰。這就是我們模擬的結果；可是大多數的人一直等著，結果過了這個年齡範圍，導致無法獲得那麼好的滿足感，因為他們最後離世前還會留下積蓄，只把人生的時間用完，而沒有經歷過許多開心的體驗。

顯然，收入增長對一個人的高峰期也有很大影響。收入快速增長的人很早就能達到了他們的高峰。收入較低的人，如果要在退休後可以隨心所欲去嘗試體驗，需要不斷增加存款，一直要到六十幾歲，甚至更晚才行。但不論怎樣，整體來說，大多數人在四十五到六十歲之間達到高峰。

這一切對你意味著什麼？這意味著，除非你是例外，否則應該比一般建議的時間更早開始花費你的財富。如果等到六十五歲，甚至六十二歲才動用自己的積蓄，你肯定會為了自己永遠也花不到的錢而延長工作時間。這是多麼可悲的想法：在職場上埋頭苦幹，卻永遠得不到那塊金子。

不要誤會我的意思，我不是在告訴你什麼時候應該退休（我在下一節中會解釋），只是要告訴你什麼時候應該開始花的要比賺的多。

但我熱愛自己的工作！Part 2

當我第一次談到「死前讓財產歸零」時，我跟各位講到，有些人不表贊同（這是可以理解的），因為他們很喜歡自己的工作——那麼，眼睜睜看著從「熱愛的工作中」賺來的錢，在人生中都沒用到，會有什麼損害呢？我前面已經說過，充分體驗人生並不在乎錢從哪裡來——而是一旦你得到了錢，就應該要有智慧地花用。

當我說，一旦達到高峰就要開始花用積蓄時，有個相關的問題便會冒出來。什麼，你真的希望我放棄自己喜歡的工作，只因為我已經達到了某個神奇日期的目標嗎？我的回答是：不。如果你想繼續工作，請便。但要確定你有相對增加自己的支出，這樣才不會在死的時候剩餘很多錢。無論你多麼喜歡自己的工作，那都是一種浪費。

我知道在我們當中有些人很幸運，可以「實踐夢想」，在人生中做著自己一直夢想去做的事情。這些罕見的人每天都迫不及待要去工作，當晚上不得不回家時，就會感到很難過。他們真正熱愛自己在做的事。但這些人其實是少之又少。你可能是其中之一。可是，如果你對自己誠實，而且認知到其實你是更愛自己拿到的薪水，而不是每天待在辦公室裡頭，那麼現在是時候好好檢視你自己的人生，確定你真正想從中獲得的是什麼。

美國人對工作的看重，就像一種會誘人上癮的藥。它會讓人對於探索、驚奇的事物和體驗完全沒有渴望，只承諾給你得到這些東西的工具（也就是金錢）——但是，當你頭腦裡完全只想著工作和錢，就會忘記自己最初的渴望是什麼。毒物變成了藥物——這真是瘋了！

聽著，如果你只想在死前擁有一堆錢，那麼，我想這是你的選擇。但請記住，我從沒見過誰的墓碑上寫著他們的總淨資產有多少。難道你不願意試著找出自己想擁有的獨特經歷，在日後留做個人紀念，不僅為你自己，也為你的家人和所愛的人？這正是為什麼我決定砸錢辦那個盛大的四十五歲生日宴會。

我有一次跟我的朋友安迪・施瓦茨（Andy Schwartz）聊天。安迪是位成功的企業家，專營膠水這項黏著劑的事業。他五十多歲，已婚，有三個二十幾歲和十幾歲的孩子，雖然他可以退休了，但並沒有準備要退休。他有很多理由：工作還是很有挑戰性，需要常常動腦，他也喜歡與同業的人在一起，而且覺得要為員工的薪水負責。他說：「如果我不喜歡這個工作，如果我覺得它是個苦差事，我就會賣掉，然後離開。」

所以安迪並不是只因為擔心自己沒有足夠的錢退休而工作。他熱愛自己的事業，他喜歡讓公司繼續成長——這個事業本身就可以為他帶來豐富的人生體驗。

如果你問他，既然他已經很富有了，為什麼還喜歡繼續賺錢，他會講到自己的孫子，他想為他們提供一個靠山，而且他想捐錢給他以前念的高中和大學。

我說，這很好。我很高興你覺得很滿足。所以繼續工作，賺更多的錢都沒問題，但一定要現在就用掉！如果你想把錢捐給你的高中或大學，現在就這麼做。如果你想把錢給你的孩子和未來的孫子，現在就開始這麼做吧。（如果你的孩子目前還太小，可以設立一個信託基金。）至於其餘的錢，就用來為你自己開創最美好的生活。

當我告訴安迪這些時，他說他喜歡的東西都不會很貴。他聲稱自己過著相當低調樸實的生活。對此，我說，如果你除了工作和養育孩子之外，真的沒有做過其他什麼事情，你怎麼知道自己的喜好是什麼？事實是，安迪的事業佔了他人生中很大一部分，需要他投入大量的關注，所以他根本沒有心思去想要用什麼獨特、新穎或讓人覺得刺激的方式來花錢。

但是，如果有人跟他提出挑戰，比如說，把三十萬美元花在與工作完全無關、只純粹好玩的事物上，他就不得不換另一種方式思考——而且他肯定會發現自己喜歡的新事物和追求。我說的花錢，也不是為了花錢而花錢，而是為了成為真正完整、感到滿足的安迪而花錢。所以，首先，他和他的妻子可以集思廣益，列出他們最喜歡的三個音樂團體。為什麼不在週末時飛到某個地方去看他們表演？或者，他可以加入TED，成為贊助會員，這會花個幾十萬美元，讓你有機會參加TED的大會，在那裡他可以見到各種領域的知識性傳奇人物。去一次TED，和這些了不起的人交談後，他可以找到十三個自己可以追求的目標和方向。

相信我，花大筆錢做自己喜歡的事情真的不難。可是你必須花一些時間，先好好弄清楚吸引你去花錢的事物是什麼。行為經濟學家梅爾・史塔特曼（Meir Statman）以自己為例說明了這個觀點，他說他認為乘坐商務艙旅行是物有所值，但他對高級餐廳卻完全沒有這種感覺。「我可以付得起三百美元吃大餐，但這讓我覺得很愚蠢，覺得廚師會在後面笑得很開心。」[57] 關鍵是，你要花錢買什麼，全取決於你自己。這難道不值得你好好思考自己所看重、把錢花在上面的東西是什麼嗎？因此，如果你還沒有準備好辭掉工作，但想在死前充分利用自己的錢，那就開始比以前花多一點錢吧！

在不辭掉工作的情況下，另一個從黃金時期初期儘量經歷最多體驗的方式是：如果可以的話，減少你的工作時間。如果你夠幸運，你的老闆有提供正式的「階段性退休」計劃，一定要研究一下。可惜的是，根據美國政府責任署（GAO）二〇一七年的一份報告，只有大約百分之五的老闆提供這樣的計劃。不過，在某些行業[58]（例如教育和高科技），這個比例比較高。好消息是，更多的雇主會提供非正式的計劃，請管理部門提供分階段退休給表現出色的人和擁有專業技能的員工。[59]這是有道理的：你對你的老闆越有價值，他們就越可能願意按照你的條件跟你合作。

簡單來說，要注意的是，不要一直被金錢誘惑。當然，被人賞識又可以賺到很多錢感覺很好，但看重你的老闆也可能會誘使你工作時間更長，而這對你可就沒那麼好。我們很輕易就屈服於這樣的誘惑：畢竟，如果你是五十五歲，而且在職場上受到重視，你每小時的收入很可能比你以前賺的還多。然而請記住，你的目標不是賺到最多的財富，而是獲得最多的**人生體驗**。這對於大多數人來說會是個很大的轉折。

提領的挑戰

一旦你確定了自己的淨資產高峰在何時，你就必須開始動用積蓄，或者說是不要存錢了。這代表你在自己真正的黃金時期裡，當你在健康和財富方面都處於相當不錯的狀態——也就是在四十五至六十歲之間，你會花得比其他人多一些，因為大多數為將來存錢的人，都是為了晚年的生活在存錢（圖11）。

圖 11：人一生中的花費

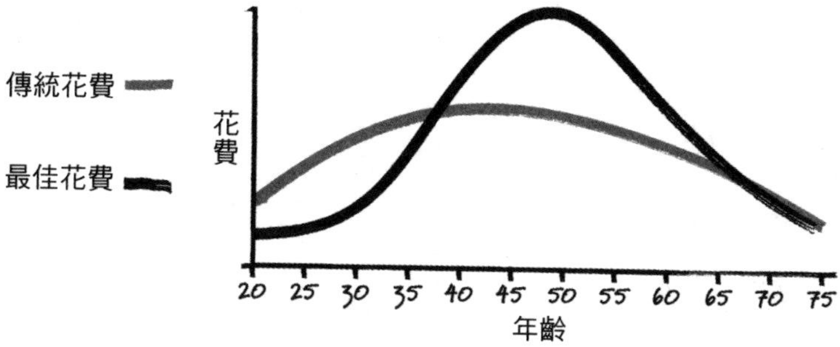

無論你是以最佳方式消費，還是以大多數人的方式消費，你在老年時的花費都將低於中年，因為老年人通常不具備在體驗上花那麼多錢所需的健康狀況。因此，除非你在中年時的花費遠遠超過大多數人，否則你將無法在死前讓財產歸零。

現在回想一下前面說過的人生時段概念。我第一次介紹這個工具時，我要你把對金錢的擔憂擱在一邊，這樣你就可以看到大多數的體驗很自然地落在一個稍稍向左傾斜的鐘形曲線部分，也就是在你年輕的時候。不過，當你開始替自己想擁有的體驗標上價格時，會發生什麼狀況呢？就這一點來看，曲線會稍稍調正，因為隨著你的健康狀況開始自然而然地下降，你的財富往往會增加，這意味著你有更多可自由支配的收入用於更棒的體驗。例如，如果你喜歡看電影和現場表演，你幾乎可以在任何年紀去看，這代表你在自己一生中都能愉快地享受這個嗜好。可是，一旦你開始考慮錢的問題，就無法再忽視這個事實：劇院門票通常比電影票貴上一大截，所以為了獲得最好的享受，你要把一些現場戲劇表演的體驗移到右邊，也就是在你年紀較大和比較有錢的時候。但你不希望把它們向右移得太遠，因為那時候你會年紀太大了，聽不到演員的聲音，也無法排隊去上廁所；在你生命中的那個時候，你會很快就只能待在家裡看《危險邊緣》或《黃金女郎》60的重播。

在你開始替這些經歷標上價錢時，可能會得出另一個結論：你退休後需要的錢往往比別人建議你要存的錢少很多。例如，如果有人告訴你，在退休後的每一年，你會需要退休前年收入的百分之八十或超過，但在檢視過你為七十歲、八十歲和之後分段規劃的活動後，你可能會發現，這些活動真的不需要那麼多錢，而且遠遠低於你以前花費的百分之八十。（回想前一章關於「不動階段」的研究。）的確，一些不需要什麼體力的活動，像是看歌劇，可能很貴，但你不太可能會想在短短五年內去看七十次歌劇。在人生的某個階段，你根本無法花用超過某個數額的積蓄，所以不要存太多錢，而是要規劃儘早享受花錢帶來的樂趣。

不過，就算你把錢當成一個考慮因素，曲線也不會向右傾斜——你會發現，你想擁有的絕大多數經歷都必須在中年時期的二十年之內發生，無論往前還是往後；換句話說，大約是在二十至六十歲之間。大家常常在談存錢退休的問題。但卻很少見為了擁有絕佳及難忘的人生體驗而儲蓄的相關討論，這些體驗需要在比一般退休年齡更早的時候經歷。看看退休廣告中所宣傳的活動——一對夫婦手牽著手在美麗的海灘上漫步，另一個男人則是肩膀上扛著一個孩子——你會發現，其實你會希望在退休前好好體驗人生。

我是要各位在六十歲之前花光自己所有的錢嗎？不是，你在年老時，肯定也還是需要錢，所以當你還在工作賺錢的時候，最好得為自己人生中不再工作的那段時間儲蓄。只要瞭解，時間只會朝一個方向前進，而且隨著時間的流逝，它會永遠掃除掉某些經歷的機會。如果你在計劃自己未來時牢記這一點，就比較有可能充分善用生命中的每個時期。

你知道自己會有足夠的錢來維持餘生後（利用一些生存計算公式算出），應該能讓你安心理得地開始積極點花錢。不過即便如此，從儲蓄模式到消費模式的心理轉變並不容易。改變一個人根深蒂固的習慣絕不是一件容易的事：如果你一輩子都是一個穩定的、執著的、堅定的儲蓄者，就很難突然轉變，開始去做相反的事情。對於習慣累積財富的人來說，不存錢怪怪的。這正是所謂的積習難改。

但如果你想充分善用自己的生命活力，就絕對有必要這樣做。不妨提醒自己，你死的時候是無法把錢帶走——你在該花的時候沒有花的每一塊錢，之後對你的價值會大大降低，而且在某些情況下，根本不會你帶給任何樂趣。

也請記住，投資你的健康，即使你過去都沒怎麼投資在這上面。如我前面所解釋的，你的健康會大幅改變你享受各種體驗的能力。所以，花時間和金錢來改善或至少維持健康是非常值得的，無論是加入一個豪華的健身房（你真正期待想去的那種）、聘請一個私人教練，還是跟著健身影片練都可以。

我的姊姊蒂亞（Tia），她真的把這個建議聽進去了上。五十七歲的她仍然在自己的家族企業工作，但她重新安排了自己的工作方式，不再像以前那樣每天在辦公室坐九到十個小時。她明白每個人的肌肉都會隨著年齡增長而萎縮，所以每週做好幾次阻力訓練來延緩肌肉老化的速度。她還會固定游泳並參加飛輪課程。她非常努力！蒂亞雖然在短期內不會去跑馬拉松，但透過這些對健康的投資，她正在積極改變自己現在和未來的人生體驗。

重新定位你的人生

你在人生一路走來時，興趣會改變，有新的人會進入你的生活，所以每隔一段時間，比如每隔五年或十年，不妨再來重複練習一下時段的設定。

重新設定人生時段最重要的一個時間點，就是接近自己淨資產高峰的時候。許多中年人已經忘記了那些曾經帶給他們滿足感的事情，而且忙著照顧事業和孩子，根本無暇探索新的興趣。因此，很多人在進入退休生活時，不太曉得自己空閒的時間要做什麼。或者他們有一些具體的想法——通常是想去旅行——但都只是在頭兩年。過了一段時間以後，他們往往發現自己東晃西晃，沒什麼目標，甚至可能渴望回到工作崗位上，因為他們知道在職場上會有一個已經存在的目標、歸屬感和成就感。在最糟糕的情況下，這種人生沒有目標的感覺甚至會導致焦慮和憂鬱。

所以，在你辭職或縮減自己的工作量之前，請認真考慮一下，一旦工作不再佔用你大量的時間，你會想做什麼。是否有一個擱著很久的嗜好，你想重新嘗試？你想重新點燃一段特別的友誼？你想學習一個什麼新的技能？或者你想加入某個社團？你真正想要的大膽嘗試是什麼？你想在什麼時候進行？把這些放在適當的時段裡，開始為自己創造新的回憶。

建議

- 根據你計劃退休後居住的地方，計算你的年生存率。
- 向你的醫生諮詢，瞭解你的生理年齡和死亡率；做所有你能負擔得起的客觀測試，讓你瞭解自己目前的健康和最後衰老的狀況。
- 考慮到自己的健康和過去的身體狀況，想想什麼時候你對於人生樂趣的享受可能會開始明顯地逐年下降，還有你喜愛的活動會如何受到這種下降所影響。

第9章

要大膽，但不要愚蠢

法則#9 在損失最小的時候，承擔最大的風險

馬克・庫班（Mark Cuban）是達拉斯小牛隊的老闆，也是實境秀《創智贏家》（Shark Tank）裡的一位「大鯊魚」投資者，他從年紀很小的時候就學會什麼是企業家精神。十二歲時，他賣垃圾袋給鄰居。十六歲時，他開始購買郵票，然後轉賣賺錢。他成長於匹茲堡的一個工人家庭，記得他媽媽曾要他學一項技藝，像是鋪設地毯之類的。不過，庫班後來是到大學攻

讀商業管理，他靠教舞付自己的學費，最後還買下並經營一家校園酒吧。結果，警察以未成年飲酒為由關閉了酒館，而當庫班畢業時，還是身無分文——但此時他已有了做生意的技能和信心。在家鄉的一家銀行工作了一段時間後，當時二十三歲的庫班把自己一丁點的家當裝進一輛舊車，開車到達拉斯，去找一個對這座城市讚不絕口的大學朋友。在那裡，這兩人與其他四個人合租一間公寓，庫班的床是一個睡袋，他就睡在客廳裡沾滿啤酒的地毯上。庫班很努力工作。他找到一份酒保的工作，同時在電腦用品店兼職做店員。

在被店裡解雇了之後，他開始計劃成立自己的公司：一家名為MicroSolutions的電腦顧問公司。幾年後，在他三十二歲時，他以六百萬美元出售了那家公司，並退休了五年。

在沒有任何損失（或損失不大）的時候下注

後來，庫班結束自己早年的退休生活，開始了讓他成為一個數十億富翁的事業——但我在這裡想說的重點不是這個。我對於馬克．庫班的經歷最感興趣的是，在那些讓他如此成功的大膽舉動中，沒有一項他覺得會有風險：不管是搬到達拉斯或他在那裡的工作、還是違抗他的老闆，也不是他被解雇後開始新創的事業。「我一無所有，」他回憶說。「所以我沒有什麼可以失去的，對吧？去做就是了。」

庫班的意思是，他面臨的是一種不對稱風險的情況：可能成功的向上升空間遠遠大於可能失敗的下降空間。當面臨不對稱的風險時，應該要大膽一點，抓住眼前的機會。在極端情況下，當往下的風險很低（或不存在，例如「沒有什麼損失」的情況），而往上的風險真的很高時，不大膽行動其實風險更大。沒有掌握機會的壞處是情感方面的：可能一輩子都很遺憾，一直在想「要是當初……」。抓住機會，即使是沒有成功，則會帶來情感方面的好處。全心全意追求一個重要的目標，會令人感到極為自豪。如果你曾全力以赴去做某件事情，無論發生什麼，你都會從這個經驗中獲得很多正面的回憶。這是我前面談到的記憶股息的另一種形式：當你在人生的任何一個時間點回首前塵往事時，你會以積極的角度記住自己的行為。換句話說，即使最後的結果不如所願，那些經驗還是能產生正面的記憶股息。因此，大膽行動是對你未來快樂的一種投資，也會是另一種方式，可以最大化曲線下的面積。

大多數的機會並不存在於極端不對稱的風險，但如果仔細想想，你往往會發現風險並不如你所想的那麼高。

越年輕，就應該要越大膽

牢記我所說要投資體驗，特別是在年輕的時候。我的意思是說，投資體驗總是好的，但在年輕的時候做更好。類似的邏輯也適用於大膽行動，因為當你老了，有些嘗試會變得不是大膽，而是愚蠢。

這一點很容易可以從身體方面瞭解。小時候，我常常從車庫的屋頂上跳下去。這很好玩，而且我從來沒受傷過。我甚至覺得沒那麼危險。但是現在，以我五十歲的身體，如果我要從屋頂上跳下去，那就是個笨蛋。我現在體重比小時候重多了，而且我的膝蓋吸收撞擊的能力也沒那麼好。所以，如果我真的跳下去，可能最後會得去醫院了——即使受傷的部位沒有造成永久性傷害，我也需要很長的時間復原。換句話說，我這樣跳下去後，失去的會比得到的多。因此，我從車庫屋頂上往下跳的日子已經過去了。

很多方面都會發生類似的情況：風險和報酬之間的平衡會隨著時間改

變，直到機會永遠消失。年輕的時候，你如果成功了，每一個你所冒的風險都可以得到很大的回報；你的上升空間是巨大的。此時，下降空間（亦即承擔風險而失敗時的情況）也很低，因為你有很多時間可以恢復。例如，在撲克牌中，有時候你可以買更多的籌碼，或「重新加載」（reload；撲克牌術語，指重新載入遊戲資金。）在年輕的時候，你就是處於人生遊戲中一個可以重新加載、加載、再加載的階段。

因此，任何失敗造成的長期影響到後來都很低。我二十三歲時被解雇了，當時我是一家投資銀行的初級交易員。在那份工作中，我一直在為自己想要的職涯接受訓練，但有一天我上班時很累，在座位上趴著休息被抓到。是的，那個工作就這樣沒了。我很害怕，不知道下一步該怎麼辦，接下來的一個月裡，失業一點也不好過。後來我找到一份經紀人的工作，結束了我的失業——這個工作薪水很高，但不是我真正想做的，我想做的是交易商的工作。不過，我知道自己必須做些什麼，而且我認為我會想看看這個經紀人的工作會帶領我到哪裡。我當時二十三歲，修正方向還很容易。即使我沒有找到經紀人的工作，即使我是一個非常失敗的人，但我還沒要死，也沒有要去領救濟金。

請注意，我不是說在不對稱風險的情況下大膽行事都會成功，像馬克・庫班的人生那樣。有時候，無論再怎麼努力，事情都未能如你所願發展。我想說的是，「損失」是值得的——這仍是一個很好的賭注，因為我知道我沒有什麼好損失的，有足夠的時間能夠修正方向，而且我還會留下一些美好的回憶。

職涯選擇

假設你想成為一名演員，但你知道這個領域競爭激烈——大多數前往好萊塢的人都沒成功，最後只能在試鏡的空檔去當服務生。除了追求表演事業，你其實還有另一個選擇：找份安穩的辦公室工作，只是你覺得沒那麼有興趣。那麼，你應該要放棄安穩的工作，搬到好萊塢去嗎？嗯，這完全取決於你的年紀，而不是你父母對你的期望或你朋友認為你應該怎麼做。如果你是二十歲出頭，那你應該去做！你應該全力以赴，用盡自己一切的力量，追求自己想要的。你可以給自己幾年時間，如果沒能成功，你還是可以重新找辦公室的工作，或者去學校念個專業科目。

這正是前演員傑夫・科恩（Jeff Cohen）在他的演藝事業還沒成功時所做的事情。如果你看過《七寶奇謀》（The Goonies，一九八五年的電影，關於一群孩子尋找寶藏的故事），可能還記得那個叫強克（Chunk）的角色，他是那群小鬼裡頭的胖子。科恩飾演的胖子是個突破性的角色，在此之前，他都只是在電視節目和廣告中演個小角色。在《古惑仔》之後，熱情洋溢、幽默風趣的科恩似乎是準備要在好萊塢大放光芒，但卻沒有人找他扮演新的角色。怎麼回事？青春期讓他從「小胖子變成大塊頭」，科恩笑著說。好萊塢充滿了兒童演員的悲傷故事，但科恩很幸運，他不是其中之一。後來他去念了大學和法學院，專門研究娛樂法，現在是自己公司的合夥人。**61** 那麼，就算他的演藝事業失敗了又如何？

另一方面，如果你已經五十多歲了，搬到好萊塢並不是一個好點子。在這個時間點上，很可能現在你的人生中有人非常需要你，例如你的另一半和孩子。在這種情況下，你的失敗就不再只是你自己的失敗——它會影響到其他人。出於相同理由，在有了孩子之後，我就不再去騎重機和參加飛行課程了。在我看來，我已經沒有權利為了追求刺激而甘冒生命危險。各種風險也是如此：你年紀越大，失去的就越多。不僅賭注會更高，潛在的獎勵也會更低！因此，就算你是孤獨一匹狼，或是孩子已經長大離巢，風險報酬的平衡依然不利於你。在最好的情況下，即使一切事情都進展順利，你享受成功的時間還是會比較短。你難道不覺得在人生早期就冒這個大風險會比較好嗎？

我不會說人到了五十幾歲才開始追求自己的夢想很蠢，因為每個人的情況不同；如果你在年輕時錯過了機會，無法做自己想做的事情，而你把即將到來的退休日子視為追尋自己夢想的最後機會，我會說晚了總比從沒去做好。不過，如果我們能回到過去，我會說：不要等待。現在就大膽去做，而不是等到退休後，因為這時能去做的時間很短。通常，這種「等到退休了再去做」的決定會是一個重大的失誤。但如果你已經犯了這個錯誤，那就去吧，充分利用你還有的時間。

可是很多人沒有好好利用這些可以輕鬆承擔風險的時間。我認為這是因為他們在腦中把不利因素過度放大了——他們想到了絕對是最糟的情況，比如說會無家可歸，即使這種情況根本是脫離現實。因為這種恐懼的思維，他們沒有認知到自己所面臨的風險不對稱性：在他們的頭腦中，彷彿可怕的巨大失敗跟任何可能的成功都一樣會發生。

幾年前，我跟一個叫克莉絲汀（Christine）的年輕人聊天，她當時是在賣廚房流理台。不管是塑膠的還是其他種類的流理台，銷售流理台基本上沒什麼問題，而且我確信一些銷售人員因為幫助客人找到完全適合的流理台而覺得很有成就感。只是克莉絲汀不是其中之一，主要是因為她的老闆並沒有對她努力工作給予認可。她也很少有休假。這個工作讓她很不快樂，我勸她大膽一點，直接辭掉工作。就直接辭職，甚至連等先找到別的工作都不必，因為繼續做下去只會讓她沒有什麼時間去找更好的工作。但她非常害怕沒有工作會使她很難找到新的工作。的確，老闆對於雇用失業的人會很保留——所以辭職是一種風險。不過我告訴她，她才二十五歲，還很年輕，可以冒這個險。如果真的需要的話，她可以在明天馬上找份端盤子的工作，直到她想清楚自己真正想要做什麼。換句話說，辭職對她的不利之處並不像她想的那麼糟。此外，如果她現在不能冒這個險，那她什麼時候才能冒這個險？

她接受了我的建議，在還沒有找到下一個工作的情況下真的辭職了。

之後，她接連做了一些工作，包括一份年薪十五萬美元的工作，可是她很痛恨這個工作。（她覺得非常痛苦，所以她辭職了，但兩個星期後又回去上班）。重點是，當你年輕的時候，你可以承擔很多風險，因為你有足夠的時間來恢復——你還可以跌跌撞撞地回去，一樣沒事。

當然，如果你已經先找到新的工作，辭職總是比較容易些，但就如同我對克莉絲汀說的，不應該讓容易做的事情來決定你要做什麼。不要讓困難妨礙你活出自己最好的人生！

量化恐懼：以搬家為例

大家會想避免大膽行動，最明顯的其中一種方式就是討厭搬家和旅行。很多人是連考慮都不會考慮搬到不同的城市，而且若有機會遠離家鄉時，我常聽到大家會說，「我在那裡半個人也不認識」或「我想住得離我媽媽近一點」之類的話。令我驚訝的是，人們想就這麼落地生根，不想冒險追求任何新的生活，因為害怕遠離那兩三個人；就好像是這兩三個人在決定我們要住在哪裡。

我不是說你不應該在乎人際關係。而是如果用理性思考這個問題，你會發現，除了在新的地方結交新朋友之外，你還可以大膽探索，並且跟以前的朋友仍然繼續往來。我們如何理性思考這個問題？我的答案是將每個恐懼加以量化。

例如，假設你有機會住在美國各地（或世界各地），從事一份令人興奮的工作，年薪比你現在的工作多七萬美元。但你擔心自己無法跟家人朋友保持聯繫。我聽到這種擔心時，會問幾個問題。一個是你現在會花多少時間跟這些人在一起？通常情況下，根本就沒花那麼多時間，因為我們往往把眼前的東西視為理所當然。我問的另一個問題是，若沒有預先訂票，從這裡到那裡的頭等艙來回機票是多少錢？這是你為了見家鄉親友得要付出的最多費用。那麼，這個錢與你的薪水相比如何？（先不論你因為移居異鄉額外得到的其他收穫。）即使這樣算一算之後，人們有時候還是會決定留在原地。當然，這是他們的選擇，但我想指出一點，他們所做的決定顯示了他們願意為了不必勞師動眾搬家而支付七萬美元。

如果我都不願意搬家，就會放棄我生命中最好的就業機會。這是發生在我二十五歲時的事，當時我在做場外交易經紀人，那是我兩年前被解雇後找到的工作。以一名天然氣經紀人而言，我的收入很不錯，大約是我大學畢業後第一份工作薪資的十到十五倍。雖然我很高興自己薪水多很多，但我厭惡那份工作。我討厭要打電話推銷，而且我發現，我能不能成功銷售全取決於接我電話的那個人是否喜歡我，這讓我感覺很不舒服。還有，經紀人有一個特質，就是無論表現得多好，往上的空間都很有限。我可以掌控一些事情，但沒有我想要的那麼多。這就是為什麼我想成為交易商。如果說經紀人像是房地產仲介，那麼交易商就像買賣房子的人：做為交易商，你要承擔所有的風險，當然也獲得所有的報酬。

我是突然間獲得可以成為交易商的機會。我這個經紀人的工作當中，有一部分是要例行性出差，到德州去拜訪當地的一個客戶。我不知道自己實際上是在接受面試：拜訪結束時，我的客戶提議我到他公司擔任首席期權交易員！我記得我還跟他討論了一番，彷彿我並不確定自己要不要接受這份工作，但我已經在腦海裡想，我的行李箱在哪裡？我已經準備好搬家了！

別人無法理解我為什麼要離開紐約市這個不錯的工作，改去從事一個風險這麼大的工作，完全還不知道能不能賺到什麼錢，而且要搬去德州！我承認我對德州，或者梅森—迪克森線（Mason-Dixon line，譯注：美國內戰期間自由州與蓄奴州的界線）以南的任何地方都有自己先入為主的看法，真的，特別是做為一個黑人而言。但是去做交易商可能賺到很多錢，而我對財富是那麼的渴望，以至於我願意為這個嘗試的機會做任何事情。如果有必要，連西伯利亞我都願意去。我也知道，如果不接受這份工作，我會恨我自己。

而且，我真的會因此失去什麼嗎？如果沒有成功，我可以回到紐約市，再去做經紀人。而我去試了之後，我會一輩子都為自己感到驕傲，讓我覺得自己的人生非常有意義。這樣一來，即使是「負面」的經歷也能帶來正面的記憶股息。62往上升的空間很大，往下降的空間很小。

一切就是這麼剛好水到渠成。我成功地成為一名交易商，並且愛上了德州。到休斯頓工作一週後，我的經理跟我去參加一個慈善拍賣會，在拍賣會上我們競標到一匹馬和一支獵槍。所以，有一陣子我跟另一個人共同擁有一匹馬，但我在紐約的朋友認為這很奇怪。後來我不再擁有那匹馬，但我仍然留著那把經典的獵槍。雖然我還是跟我在紐約認識的人保持友誼，但我在休斯頓也過得很快樂，還找到很多志同道合的人。

我知道，讀到這些，你可能根本懶得把我的經歷當回事，可能會心想：你說得倒容易。不是每個人都能有機會得到在交易中賺大錢，當然也不是每個人一開始就有一份輕鬆舒服的工作可以離開。但是，我的論點是不管什麼人都適用，包括離開六位數薪水的工作、並從自己富有的父母那裡借到錢的人，到身上沒多少錢的人。在漢堡王工作、晚上去上電腦程式設計課的人，或者跟朋友合夥開創餐車事業的女人，也是很大膽，只是規模比較小。在這些例子中，你可以選擇比較安穩的道路，比較不會有什麼痛苦，也可以選擇比較大膽的道路，雖然沒那麼有把握，但在經濟上和心理上都可能有更多的收穫。

年紀大的人要如何大膽

我在本章中講的都是年輕時要大膽。但是，年紀大的人也有一些可以大膽的方式，而這些方式跟你夠不夠有勇氣去花自己辛苦賺來的錢有關。你必須要有勇氣去做我在「高峰」那章所講的事情——勇敢地離開職場，這樣你就可以用剩餘的時間去做更令你感到滿足的事情。大家都比較害怕錢會用完而不怕浪費生命，這一點必須改變。你最大的恐懼應該是浪費自己的生命和時間，而不是「當我八十歲的時候，我還剩多少錢」。

如果我不喜歡風險呢？

我能理解對風險的恐懼，因為我媽媽就是這樣的人：她是老師，為州政府工作，一直希望我也能找到某個公家機關的工作。我們為所謂的「鐵飯碗」爭論不休，她認為公家機關的工作會給你保障，非常安穩。可是我總是想做完全相反的事——總是異想天開。我想，如果郵局總是在招人，而且可以提供穩定的收入，我如果做其他工作都失敗了，還是可以去那裡上班；但沒有必要現在就從那裡開始工作。

不過，我理解我媽媽的想法：她是非裔美國女性，大蕭條之後不久出生，在美國民權運動時代之前就生活了很多年。人生總是不公平，而這個世界似乎老是想要找你麻煩，所以她會想先要有個安穩的立足之地，這是可以理解的。事實上，她的母親，也就是我的外婆，甚至比她更恐懼。我永遠不會忘記，我媽媽在我賺到第一個一百萬美元時跟我說的話。「不要告訴你外婆」，她跟我說，「因為她只會擔心你會花光光」。

所以我明白你的生長環境會使你想要過得安穩。大家對於風險忍受的能力當然各不相同，這很ＯＫ。我沒有要告訴各位應該承擔多少風險。但我要補充的是，首先，無論你能接受什麼程度的風險，無論你可能考慮為自己人生採取什麼大膽的行動，最好是在年輕的時候採取行動。因為，這時候你有比較高的上升空間和比較低的下降空間。

第二，不要低估不作為的風險。保持現狀而不大膽行動雖然感覺很安全，但要考慮到你可能會失去什麼——要是你有鼓起勇氣，大膽一些，或許你就能過著原本你想要過的人生。你獲得了某種安全感，但也失去了經驗值。例如，想想如果你避免了某些風險，可能會得到的是七千點的經驗值，而不是一萬點的經驗值。這意味著最後你的人生會減少百分之三十的滿足感。如果你覺得，少百分之三十的滿足感是值得的，因為可以得到心靈上的平穩，那也可以。比如說，我的外婆，如果她過著風險較大的生活，晚上就會睡不著覺，所以我不能說她那樣是錯的。你要承擔多少風險是你個人的選擇，我只希望你能覺察到自己做了什麼決定和選擇這麼做會帶來怎樣的後果。

第三，我要提醒各位，低風險容忍度和單純的恐懼，這兩者是不一樣的。恐懼往往會把實際的風險大肆渲染一番。如果你在採取大膽行動時容易出現源自於本能的恐懼反應，那麼請先想清楚最壞的情況。你可以想想自己人生中的所有安全網——包括職場提供的失業保險、針對任何災難的個人保險、家人可以提供的幫助——最壞的情況可能沒有你想像的那麼糟糕。如果是這樣的話，你的下降空間是相當有限的，而你的上升空間可能是無限的。

建議

- 辨別出哪些機會是你還沒有把握住、但其實對你風險並沒有很大。永遠記住，最好在年輕的時候抓住更多的機會，而非在年紀大的時候。
- 檢視有哪些恐懼阻礙了你採取行動的，無論是理性的，還是非理性的。不要讓非理性的恐懼妨礙了你去追求夢想。
- 瞭解每個當下你都可以做出選擇。你所做的選擇反映了你最看重什麼，所以要確定你是審慎做出這些選擇的。

結論

一個不可能的任務，一個值得的目標

我給了你一個不可能的任務：死前讓財產歸零。你可以遵循本書中的每一個法則，密切觀察自己的健康狀況和預期壽命，每天重新檢視財務狀況——但你是不可能把錢全部花完。當你嚥下最後一口氣時，口袋裡可能還有幾塊錢，甚至在銀行可能還有幾百塊錢。所以嚴格來說，你沒辦法在死前讓財產歸零。這是必然的，而且也沒什麼大不了。

為什麼呢？因為這個目標會完成它真正的任務，把你推往正確的方向：以死前讓財產歸零為目標，你會永遠改變自己的慣性，從賺錢、存錢和追求累積自己的財富，變成活出你能做到的最棒人生。這就是為什麼「死前讓財產歸零」是一個值得追求的目標——有了這個目標，你肯定會在人生中收獲最多。

數以百萬的人每個禮拜上教堂或寺廟，想要成為像耶穌或摩西那樣的人；還有數百萬人想要仿效穆罕默德。大部分的人當然連邊都沒有接近。沒關係，我們沒有人是完美的，即使是我們當中最有德行的人也不並總是善良、總是睿智、總是勇敢的。然而，透過追求這些理想，我們確實朝著正確的方向前進——我們至少變得比較善良、比較睿智、比較有勇氣。「死前讓財產歸零」的理想也是如此：就算努力嘗試，可能永遠也不會準確地擊中目標，但運氣好的話，會比連試都沒試還更接近一些。所以，去吧！不但要把你的人生活到最充實，還要拯救你唯一的人生。

我希望我分享的訊息至少讓你重新思考關於人生那些很制式、傳統看法：要找個好工作，無止境地努力工作，然後在六、七十歲退休，在所謂的「黃金時期」度過自己的人生。

可是我要問各位：為什麼要等到你的健康和生命活力都開始消退的時候？與其只顧著積存一大堆很可能一輩子都花不完的錢，不如現在就把自己的生活過得充實些，例如：追尋難忘的生活體驗、在你的孩子最能用到錢的時候把錢給他們、在還活著的時候把錢捐給慈善機構。這才是過人生。

記住，歸根結底，人生在世，最重要的事就是要獲得回憶。所以你還在等什麼呢？

致謝

每個人都會有一些想法：我們常常不斷在討論一些事情，跟任何願意傾聽的人分享。「我想做某件事」。然而，年復一年，這個「某件事」變成了我們藏在拖延清單上的另一個事項，如果沒有某個誘發事件，這件事永遠不會完成。對我來說，這個誘發事件就是我去看我的醫生克里斯・雷納，他對於我的想法大力支持，最後促使我採取行動。

我夢想著要寫一本書、讓全世界批評和思考我的想法之前，首先必須要找人討論、辯論和修正這些想法，而且我儘可能找了最難被說服的人：我最直言不諱的朋友、家人和同事。每個人雖然都認為我的想法太瘋狂了，但還是提供了獨特而有趣的觀點給我。我想感謝（排名不分先後）蒂婭・辛克萊（Tia Sinclair）、格雷格・華利（Greg Whalley）、約翰・阿諾德（John Arnold）、庫柏・李奇（Cooper Richey）、馬克・霍羅威茲（Marc Horowitz）、奧馬爾・哈尼夫（Omar Haneef）和丹・比爾澤里安（Dan Bilzerian），感謝他們花時間聽我嘮叨，並且讓我的想法有機會接受測試。

儘管我的想法已是經過深思熟慮，但要把這些想法轉變為一本令人信服、容易閱讀的書是另一回事。為此，我需要跟一位寫作者合作，這位寫作者要能夠紀錄我所講的話、故事與闡釋，然後寫出來，但要維持我的語調、風格和熱情。這位寫作者就是瑪麗娜・柯拉可芙斯基（Marina Krakovsky）。我真的很幸運，找到一個熟悉經濟學相關論點的作者，她能夠用相關學術研究支持這些論點。她還認識我的經紀人和陳其一（Kay-Yut Chen），其一是一位出色的經濟學家，我特別聘請他來跟我合作這本書。我感謝瑪麗娜所做的一切，更感謝她一直催促我熬過這漫長、陌生、有時候是痛苦的過程，將整個想法變成一本書。

除了有一位專業寫作者和我自認為很不錯的想法，我還需要出版社來幫助這本書讓更多讀者知道。為了找到出版社，我需要一個經紀人。這個人就是吉姆．萊文（Jim Levine）。雖然有五個經紀人說他們會根據原始的提案接受我的委任，但我選擇了吉姆．萊文，因為只有他告訴我，這個提案雖然很好，但還不夠完整到可以給出版社，他把原因解釋得很清楚。我要感謝吉姆對我的書有興趣，以及他給我的幫助，使我從一個有出書想法的人，變成一個有想法並準備好出書的人。

我要感謝瑞克．沃爾夫（Rick Wolf）和霍頓．米夫林．哈考特（Houghton Mifflin Harcourt）團隊願意投資我和這本書。我還要感謝瑞克為這本不容易歸類的書擔任編輯，並幫助我們把想法表達出來，而不會顯得過於強硬或尖銳。（我是個很強硬又尖銳的人。）

我還要感謝我公司的人，他們花時間做了調查，提供我非常需要的觀點，幫助我對於人們如何看待這個問題保持開放態度。我感謝查爾斯・丹尼斯頓（Charles Denniston）、奧列格・科斯滕科（Oleg Kostenko）、巴里・尼科爾斯（Barrie Nichols）、希爾帕・春楚（Shilpa Chunchu）、洛夫塔斯・費茲沃特（Loftus Fitzwater）和卡珊德拉・克拉馬（Cassandra Krcmar）的參與。

要把想法講得清楚易懂，用故事來闡述是最容易讓人理解。在這一本關於人們應該如何花錢和生活的書中，裡面的故事都是非常個人的，我很感謝我的朋友、家人和熟人，他們願意將自己的人生公開，讓世人看到與評論。因此，我非常感謝艾琳・布羅德斯頓・歐文（Erin Broadston Irvine）、約翰・阿諾德（John Arnold）、貝爾德・克拉夫特（Baird Craft）、安迪・施瓦茨（Andy Schwartz）、傑森・魯福（Jason Ruffo）、喬・法雷爾（Joe Farrell）、保利・「帕斯雀」・西莫尼洛（Paulie "Pastrami" Simoniello）、克莉絲汀・普拉塔尼亞（Christine Platania）、格雷格・華利（Greg Whalley）、克里斯・萊利（Chris Riley），以及我姊姊蒂婭・辛克萊（Tia Sinclair）和我媽媽弗魯塔・

路易絲・迪亞茲（Fruita Louise Diaz）。我另外要特別感謝維吉尼亞・柯林，她分享了自己的故事，儘管我們根本不認識。如果沒有你們慷慨和勇敢的分享，這本書無法鼓舞或激勵到任何人。

除了可以產生共鳴的故事，我還需要一個正式的模式——一個數學算式——來說明我想討論的想法。陳其一是為行為經濟學家，他不僅解決了模式背後的數學問題，而且也解釋了結果背後的邏輯，可說是居功厥偉。奧馬爾・哈尼夫（Omar Haneef）在建構這些想法的模型方面，也扮演了重要的角色。

由於有美國政府的研究，本書使用的其他資料是公開取得的，但要用易於閱讀的形式來呈現這些資料，則是完全不同的任務。查爾斯・丹尼斯頓（Charles Denniston）負責製作本書的每一張圖表和圖片。每當我們要調換資料來源，或要求做其他修改時，他都很快就能完成我們所需要的東西。

安排我的行程、協調會議時間、確認我有打電話，還有照料大大小小瑣事，這些我都要感謝我的助理卡珊德拉・克拉馬（Cassandra Krcmar）。我很感謝她在這個過程中一直很優雅地讓我忙亂的生活不會脫序。

很多人先讀了本書的部分內容並給了我回饋——但要求別人讀一本還未編輯過的書並提供回饋，尤其是負面的意見，是一個特別難的請求。這要耗費許多時間專注去做，還要肩負起可怕的責任，告訴你認識的人，哪裡不好，或者哪裡有錯、太過傲慢，或者就只是覺得很爛。如果你喜歡這本書，那是因為有這些勤奮、勇敢的第一批讀者。如果你不喜歡這本書，那若不是有拉奎爾・賽格爾（Raquel Segal）、奧馬爾・哈尼夫（Omar Haneef）、陳其一（Kay-Yut Chen）、基斯・帕金斯（Keith Perkins）、馬克・霍羅威茲（Marc Horowitz），以及最重要的庫柏・李奇（Cooper Richey），你會更討厭這本書。

其實應該要特別表揚庫柏・李奇。如果你認為閱讀我尚未完成的書是幫我一個大忙，那麼請試試把這本書讀個兩次半看看！在這麼做的時候，還要逐頁提供詳細的看法與批評。請試著一邊讀，一邊還要受到啟發，提出更多的想法，然後再打電話討論跟辯論一番。試試試看一直被問有沒有更多的建議是什麼感覺。俗話說，好事多磨，所以我真的折磨了庫柏一番。說真的，他做的遠遠超過我原本的要求，做出了無比重要的貢獻，使得這本書比原本的更好。我非常感謝庫柏為了讓這本書變得更好所付出的額外時間和努力。

我們都是站在前幾代人的肩膀上，所以我要感謝我的媽媽和爸爸。

當你在寫一本書時，你即是在實踐這本書的理念。我無法算出過去自己花了多少時間在講這本書，或開會討論這本書，或思考這本書，可是很顯然，在這段時間我無法顧及到其他某些人。我的這本書是靠他們的犧牲換來的，如果沒有我的孩子斯凱（Skye）和布里莎（Brisa），以及我的女友蘿拉・塞巴斯蒂安（Lara Sebastian）的愛與容忍，我不可能完成這本書。他們忍受了我總是心不在焉。謝謝你們！我回來了！

附錄

你一直在講的新應用程式是什麼？

本書所提出和設定的法則是為了讓各位從自己的錢和人生中收獲更多。它們提供了整體性的指引，告訴各位如何在當前的享受和延遲滿足之間取得健康的平衡，以及在為錢工作（並為未來的收入進行投資）跟把錢花在讓人生豐富、充實的體驗之間取得平衡。

不過或許你希望不僅僅是遵循這些基本法則而已。為此，我有好消息要告訴各位。我和我的團隊開發的應用程式，採用了這些同樣的法則，並把它們放入精確的數學形式中，希望更進一步幫助各位。收入、消費金額、利率、經驗值——所有這些都與數字和計算有關。把這些數字的多種可能組合進行最佳化——因為若要為各位提供一個最理想的人生計劃，我們必需這麼做——需要的計算量遠遠超過任何人能夠在合理的時間內完成的。一個應用程式可以比最聰明的會計師更快、更準確進行必要的計算。但是，即使是用很厲害的電腦跑應用程式，在做大量的數字計算時也會跑不動，所以我們會儘量使用簡單的運算法。

這裡所描述的是最基本的功能，但在未來的每個版本中，我們會增加更多的複雜性，以因應現實世界的狀況。

這個應用程式是幹嘛用的（以及不能幹嘛用）？

如同我在前面解釋的，若要充分善用生命活力，我認為就需要儘可能擴大滿足曲線下的面積。可是，該如何儘量擴大那個曲線下的面積？這不太容易，因為我們會面臨一直在花錢和賺錢之間做權衡。例如，假設我們花一整年的時間玩，完全沒有工作賺錢。那麼，我們是能夠獲得大量的人生體驗值——但我們也會付出很大的代價。具體來說，我們會犧牲了那一年所有的金錢收入，還有任何銀行利息或任何其他投資的報酬，而我們本來是可以獲得這些現金的。所有的這些錢原本是可以用來在下一年獲得更多的體驗值。所以問題就是：是現在賺錢、以後再花比較好呢，還是，更準確點說，不論在人生中的哪個時間點，賺錢和花錢之間的正確平衡是什麼？這可不是一個容易回答的問題。

結果就是，我們大多數人都不會有意識地去思考這些權衡：我們多半要麼隨心所欲，要麼只是遵循簡單的經驗法則，像是「每年存下百分之十的收入」和「在六十五歲退休」。或者我們有一天醒來，覺得工作太多，休息太少，感到疲憊不堪，於是決定是時候該好好休個假。我們當中有些人會比其他人計劃得多一些，但我不知道有誰是把自己整個人生都計劃好了。在大多數情況下，我們都是很隨意地去做一些重要的決定：在這裡賺一點錢、那裡花一些錢、為明年或退休儲蓄和投資一些錢，還有在新的一年來臨之際調整自己要怎麼用錢的決定。這是可以理解的，因為這個問題看起來是頗令人難以承擔，而且遵循簡單的經驗法則總比完全沒有計劃好。但其實這樣做並無法最大化我們的人生體驗值。

這個應用程式的目標是儘可能提高我們人生的滿足感——也就是讓我們儘可能在一生中可以做出最好的財務決策。

不過我不想過於誇大這個應用程式的功能。要有我們提供的資料，應用程式才能算出結果。然而，世界是複雜的，充滿了變數。我們輸入這個應用程式的關鍵資料，包括未來的健康狀況和投資報酬率，都是很難預測得準。事實上，這個應用程式只是一種工具，就像本書中提到的其他工具一樣。只不過相較於像是時段之類的工具，它是比較精確的數學工具——然而，把應用程式的精確性與完全準確性混為一談，是一個嚴重的錯誤。

將這個應用程式想成是類似引擎的東西，會比較好理解：它可以運算出你人生中的假設情況。例如，如果你的收入以高於通貨膨脹率百分之一的速度增長，而你的投資報酬保持不變，會怎樣？如果你的健康狀況比大多數人更快變差，又會怎樣？從這個應用程式你可以探究，假如改變這個或那個條件時，會發生什麼狀況，以及調整這個或那個變數對人生的滿足感分數會有什麼影響。

換句話說，就你考慮的每一組假設而言，怎樣才能在人生的不同階段，把生命活力在賺錢與體驗兩邊做最好的分配？這個應用程式可以在各種不同的可能情況下，提供關於這個問題的答案。

哪裡可以下載這個應用程式

讀者可以從本書這個網站上免費下載這個應用程式（英文）：

DieWithZeroBook.com（點選上方「APPS」）

如何使用這個應用程式

這個應用程式的使用方式很簡單，因為它會一步一步引導你。它會問你一些直接的問題，像是一些現實的狀況，來算出你人生的滿足感分數，例如：你目前的健康狀況、自由的時間，以及在人生體驗上的花費。它還會詢問你每年收入的增長和財務投資報酬率。這些都是重要變數，有助於決定你能享受自己人生到什麼程度。這樣你瞭解為什麼一個應用程式是這麼重要了吧。如果你自己進行計算，那就太累、太無趣、又太耗時了，因為你需要重複多次演算，每一年都算一次——每年更新你的健康分數，並從一年的輸出資料中提取一些，做為下一年的輸入資料，然後還要準確地把所有這些年的滿足感分數加總起來。這個應用程式的神奇之處在於，它可以快速、輕鬆地為你完成所有這些計算。

各位也要瞭解，並不是只有一種計算方法可以運用。這是因為你的總體滿足感得分取決於你輸入了什麼，而這些輸入可能會各有不同。有了這個應用程式，你可以嘗試不同的輸入，看看對你的總分有什麼影響。

最後，你甚至可以讓這個比擬為引擎的應用程式瘋狂地跑。這個應用程式的核心重點乃在於幫助你以最有效、最大化滿足感的方式花費你的生命活力，這也意味著是要儘可能減少你為了賺錢而工作所花費的時間，因為你可能永遠都無法享用到這些錢。為了要想出最好的方案，你可能會整天都在跑這個應用程式，可是還是找不到最好的答案。因此，與其你自己在那裡用不同的假設狀況試來試去，不如針對你無法掌控的變數值做一些假設性的設定，讓應用程式為你跑出所有可能的模擬結果，找到一個滿足感分數最高的方案，同時在你可以控制、能夠產生出最好結果的範圍內，給出這些變化因素的最佳值。

每個人得到的答案都不一樣，而且還可能會覺得很意外，但有一個基本原則是不變的，並且也可以料想得到，那就是：不論是哪組最佳方案，你死後都不會有任何錢剩下來。如果你希望在自己的人生中獲得最大的滿足感，理想上來說，你在離世前需要花完所有的錢。當然，這就是「死前讓財產歸零」的基本理念。

注釋

第一章

1. Amy Finkelstein, Erzo F. P. Luttmer, and Matthew J. Notowidigdo,“What Good Is Wealth Without Health? The Effect of Health on the Marginal Utility of Consumption,” Journal of the European Economic Association 11 (2013): 221–58.
2. David Callahan, “The Richest Americans Are Sitting on $4 Trillion. How Can They Be Spurred to Give More of it Away?,” Inside Philanthropy, https://www.insidephilanthropy.com/home/2018/12/4/the-richest-americans-are-sitting-on-4-trillion-how-can-they-be-spurred-to-give-more-of-it-away.
3. Thomas Gold, The Deep Hot Biosphere (New York: Springer, 1998), digital edition, https://www.amazon.com/Deep-Hot-Bio sphere-Fossil-Fuels/dp/0387985468.

所有生物體都需要能量維持生命，這是最基本的生物學常識——但直到我讀了湯馬士．戈爾德（Thomas Gold）的《深熱生物圈（暫譯）》（這對能源交易員來說是本重要的書，因爲戈爾德認爲，地球上蘊藏的石油遠多於其源頭的化石燃料理論所表明的數量，而石油價格則取決於石油供應的稀缺性）後，我才意識到它的重要性。然而，最讓我著迷的是書中關於生命起源的部分，從最簡單的微生物到最複雜的生物，每一種生物都依賴於食物鏈下游儲存的化學能。

我意識到自己是一個能量處理單元（EPU），就像機器人或汽車一樣。這讓我思考移動我們的身體需要消耗多少熱量，以及我們製造出像飛機這樣的機器，可以讓我們高速移動很遠的距離，這件事有多麼有趣——我們本質上是可以建造其他 EPU 的 EPU。如果你正在尋找一種有智慧、能自我改善、自我複製的機器，它已經存在了——就叫做人類。

第二章

4. Aesop, "The Ants & the Grasshopper," in The Aesop for Children (Library of Congress), http://read.gov/aesop/052.html.
5. Gary S. Becker, "Human Capital," Library of Economics and Liberty, https://www.econlib.org/library/Enc/HumanCapital.html.
經濟學家蓋瑞．貝克（Gary Becker）指出，健康以及教育、培訓都被認爲是人力資本中最重要的投資之一。
6. T. J. Carter and T. Gilovich, "I Am What I Do, Not What I Have: The Differential Centrality of Experiential and Material Purchases to the Self," Journal of Personality and Social Psychology 102 (2012): 1304–17, doi:10.1037/a0027407. https://cpb-us-e1.wpmucdn.com/blogs.cornell.edu/dist/b/6819/files/2017/04/CarterGilo.JPSP_.12-14i5eu8.pdf.
心理學研究支持這樣一種觀點：你的體驗與你的自我意識密切相關，這有助於解釋爲什麼花錢買體驗比花錢買物品更能帶來幸福感。例如，當受試者能夠將某樣東西（如電視）設想爲一種所有物或一種體驗時，比起將其視爲所有物，藉由實驗促使他們將其視爲一種體驗，能使他們認爲購買的物品與自己有更大的交集。
7. David Bach, Start Late, Finish Rich (New York: Currency, 2006), https://www.amazon.com/dp/0767919475/ref=rdr_ext_tmb.
這個專有名詞是財經作家大衛．巴哈（David Bach）創造的，他將其註冊爲商標，並打造了一個計算機來幫助你計算隨著時間的推移，你可以透過減少小額經常性開支獲得多少收益。

第三章

8. "Income Percentile by Age Calculator for the United States in 2018," DQYDJ.com, last modified May 31, 2019, https://dqydj.com/income-percentile-by-age-calculator/.
9. "Income Tax Calculator, Texas, USA," Neuvoo, https://neuvoo.com/tax-calculator/?iam=&salary=750

00&from=year&region=Texas.

10. Michael D. Hurd, "Wealth Depletion and Life-Cycle Consumption by the Elderly," in Topics in the Economics of Aging, ed. David A. Wise (Chicago: University of Chicago Press, 1992), 136, https://www.nber.org/chapters/c7101.pdf.
11. Hersh M. Shefrin and Richard H. Thaler, "The Behavioral Life-Cycle Hypothesis," in Quasi Rational Economics, ed. Richard H. Thaler (New York: Russell Sage Foundation, 1991), 114.
12. 研究人們的支出和儲蓄的經濟學家發現，老年人的儲蓄速度不夠快，而他們給出的原因與我在對話中經常聽到的兩個原因相符：「預防性儲蓄」（爲了解決資金用完或沒有足夠金錢應付意外開支的恐懼）和「遺產動機」（那孩子怎麼辦？）
13. Jesse Bricker et al., "Table 2: Family Median and Mean Net Worth, by Selected Characteristics of Families, 2013 and 2016 Surveys," Federal Reserve Bulletin 103 (2017): 13, https://www.federalreserve.gov/publications/files/scf17.pdf.
14. Sudipto Banerjee, "Asset Decumulation or Asset Preservation? What Guides Retirement Spending?," Employee Benefit Research Institute issue brief 447 (2018), https://www.ebri.org/docs/default-source/ebri-issue-brief/ebri_ib_447_assetpreservation-3apr18.pdf?sfvrsn=3d35342f_2.
15. Michael K. Stein, The Prosperous Retirement (Boulder, Colo.: Emstco Press, 1998).
16. Dan Healing, "How Much Money Will You Need After You Retire? Likely Less Than You Think," Financial Post, August 9, 2018, https://business.financialpost.com/personal-finance/retirement/how-much-money-should-you-have-left-when-you-die-likely-less-than-you-think.
17. "Table 1300: Age of Reference Person: Annual Expenditure Means, Shares, Standard Errors, and Coefficients of Variation, Con- sumer Expenditure Survey, 2017," U.S. Bureau of Labor Statistics, https://www.bls.gov/cex/2017/combined/age.pdf.
18. Peter Finch, "The Myth of Steady Retirement Spending, and Why Reality May Cost Less," New York Times, November 29, 2018, https://www.nytimes.com/2018/11/29/business/retirement/retirement-spending-calculators.html.
19. Shin-Yi Chou, Jin-Tan Liu, and James K. Hammitt, "National Health Insurance and Precautionary Saving: Evidence from Taiwan," Journal of Public Economics 87 (2003): 1873–94, doi:10.1016/S0047-2727(01)00205-5.

當台灣政府開始提供健保的時候，人們的儲蓄就下降了。

20. Michael G. Palumbo, "Uncertain Medical Expenses and Precautionary Saving Near the End of the Life Cycle," Review of Economic Studies 66 (1999): 395–421, doi:10.1111/1467-937X.00092, https://academic.oup.com/restud/article-abstract/66/2/395/1563396.
21. Anna Gorman, "Medical Plans Dangle Gift Cards and Cash to Get Patients to Take Healthy Steps," Los Angeles Times, December 5, 2017, https://www.latimes.com/business/la-fi-medicaid-financial-incentives-20171205-story.html.
22. Ellen Stark, "5 Things You SHOULD Know About Long-Term Care Insurance," AARP Bulletin, March 1, 2018, https://www.aarp.org/caregiving/financial-legal/info-2018/long-term-care-insurance-fd.html.

第四章

23. "Distribution of Life Insurance Ownership in the United States in 2019," Statista, https://www.statista.com/statistics/455614/life-insurance-ownership-usa/.
24. Ron Lieber, "The Simplest Annuity Explainer We Could Write," New York Times, December 14, 2018, https://www.nytimes.com/2018/12/14/your-money/annuity-explainer.html.
25. Richard H. Thaler, "The Annuity Puzzle," New York Times, June 4, 2011, https://www.nytimes.com/2011/06/05/business/economy/05view.html.
已有數十篇學術論文是圍繞此主題撰寫：如果你想要一個關於這個謎題的簡單解釋關，包括一些可能的解答，可以查看最近諾貝爾經濟學獎得主理察・塞勒（Richard Thaler）所寫的〈經濟觀點〉（Economic View）專欄。
26. Gary Becker, Kevin Murphy, and Tomas Philipson,"The Value of Life Near Its End and Terminal Care" (working paper, National Bureau of Economic Research, Washington, D.C., 2007), http://citeseerx.ist.psu.edu/viewdoc/download?doi=10.1.1.446.7983&rep=rep1&type=pdf.

27. “Final Countdown Timer,” v. 1.8.2 (ThangBom LLC, 2013), iOS 11.0 or later, https://itunes.apple.com/us/app/final-countdowntimer/id916374469?mt=8.
這個 APP 並不是專門爲了倒數您的預期死亡日而設計的。你可以輸入幾個不同的日期（截止日、週年紀念日、任何您想要的日期）並觀看所有這些日期的倒數計時。

第五章

28. Laura Feiveson and John Sabelhaus, “How Does Intergenerational Wealth Transmission Affect Wealth Concentration?,” FEDS Notes, Board of Governors of the Federal Reserve System, June 1, 2018, doi:10.17016/2380-7172.2209. https://www.federalreserve.gov/econres/notes/feds-notes/how-does-intergenerational-wealth-transmission-affectwealth-concentration-20180601.htm.
29. Libby Kane, “Should You Give Your Kids Their Inheritance Before You Die?, The Week, August 21, 2013, https://theweek.com/articles/460943/should-give-kids-inheritance-before-die.
30. Virginia Colin, interview by Marina Krakovsky, January 7, 2019.
31. Edward N. Wolff and Maury Gittleman, “Inheritances and the Distribution of Wealth or Whatever Happened to the Great Inheritance Boom?,” Journal of Economic Inequality 12, no. 4 (December 2014): 439–68, doi:10.1007/s10888-013-9261-8.
32. Marina Krakovsky, “The Inheritance Enigma,” Knowable Magazine, February 12, 2019, https://www.knowablemagazine.org/article/society/2019/inheritance-enigma.
33. William J. Chopik and Robin S. Edelstein, “Retrospective Memories of Parental Care and Health from Mid- to Late Life,” Health Psychology 38 (2019): 84–93, doi:10.1037/hea0000694.
34. Carolyn J. Heinrich, “Parents’ Employment and Children’s Wellbeing,” Future of Children 24 (2014): 121–46, https://www.jstor.org/stable/23723386.
35. Jere R. Behrman and Nevzer Stacey, eds., The Social Benefits of Education (Ann Arbor: University of Michigan Press, 1997), https://www.jstor.org/stable/10.3998/mpub.15129.

36. George Psacharopoulos and Harry Antony Patrinos, "Returns to Investment in Education: A Decennial Review of the Global Literature" (working paper, World Bank Group Education Global Practice, Washington, D.C., April 2018), http://documents.worldbank.org/curated/en/442521523465644318/pdf/WPS8402.pdf.
37. Paul J. Jansen and David M. Katz, "For Nonprofits, Time Is Money," McKinsey Quarterly, February 2002, https://pacscenter.stanford.edu/wp-content/uploads/2016/03/TimeIsMoney-Jansen_Katz_McKinsey2002.pdf.
38. Jonathan Grant and Martin J. Buxton,"Economic Returns to Medical Research Funding," BMJ Open 8 (2018), doi:10.1136/bmjopen-2018-022131.

第六章

39. Stephen J. Dubner and Steven D. Levitt, "How to Think About Money, Choose Your Hometown, and Buy an Electric Toothbrush," podcast transcript, Freakonomics, October 3, 2013, http://freakonomics.com/2013/10/03/how-to-think-about-money-chooseyour-hometown-and-buy-an-electric-toothbrush-a-new-freakonomics-radio-podcast-full-transcript/.
40. Elizabeth Warren and Amelia Warren Tyagi, All Your Worth: The Ultimate Lifetime Money Plan (New York: Free Press, 2006), https://www.amazon.com/All-Your-Worth-Ultimate-Lifetime/dp/0743269888.
41. Gyan Nyaupane, James T. Mc-Cabe, and Kathleen Andereck, "Seniors' Travel Constraints: Stepwise Logistic Regression Analysis," Tourism Analysis 13 (2008): 341–54, https://asu.pure.elsevier.com/en/publications/seniors-travel-constraints-stepwise-logistic-regression-analysis.
42. Robert M. Sapolsky, "Open Season," New Yorker, March 30, 1998, https://www.newyorker.com/magazine/1998/03/30/open-season-2.

43. Rachel Honeyman, "Proof That 65 Is Never Too Late to Kickstart Your Fitness Journey," GMB Fitness, November 20, 2016, https://gmb.io/stephen-v/.
44. Valerie Cross, "Jaime and Matt Staples Win $150,000 Weight Loss Bet from Bill Perkins," PokerNews, March 23, 2018, https://www.pokernews.com/news/2018/03/jaime-staples-set-tocollect-on-150k-weight-loss-prop-bet-30300.htm.
45. Ashley V. Whillans, Elizabeth W. Dunn, Paul Smeets, Rene Bekkers, and Michael I. Norton, "Buying Time Promotes Happiness," Proceedings of the National Academy of Sciences 114, no. 32 (August 8, 2017): 8523–27, doi:10.1073/pnas.1706541114.
46. J. B. Maverick, "What Is the Average Annual Return for the S&P 500?," Investopedia, last modified May 21, 2019, https://www.investopedia.com/ask/answers/042415/what-average-annual-returnsp-500.asp.

第七章

47. Bronnie Ware, The Top Five Regrets of Dying: A Life Transformed by the Dearly Departing (Carlsbad, Calif.: Hay House, 2012), https://www.amazon.com/Top-Five-Regrets-Dying-Transformed/dp/140194065X.
48. Kristin Layous, Jaime Kurtz, Joseph Chancellor, and Sonja Lyubomirsky, "Reframing the Ordinary: Imagining Time As Scarce Increases Well-Being," Journal of Positive Psychology 13 (2018): 301–8, doi:10.1080/17439760.2017.1279210.

第八章

49. Derick Moore, “Homeownership Remains Below 2006 Levels for All Age Groups,” United States Census Bureau, August 13, 2018, https://www.census.gov/library/stories/2018/08/homeownership-byage.html.
50. PropertyMetrics, “Understanding Present Value Formulas,” PropertyMetrics blog, July 10, 2018, https://www.propertymetrics.com/blog/2018/07/10/present-value-formulas/.
51. Carolyn O’Hara, “How Much Money Do I Need to Retire?,” AARP the Magazine, https://www.aarp.org/work/retirement-planning/info-2015/nest-egg-retirement-amount.html.
52. Sarah Skidmore Sell, “ ‘70 Is the New 65’: Why More Americans Expect to Retire Later,” Seattle Times, May 8, 2018, https://www.seattletimes.com/nation-world/nation/more-americans-expect-to-work-until-70-not-65-there-are-benefits/.
53. “When Do Americans Plan to Retire?,” Pew Charitable Trusts, November 19, 2018, https://www.pewtrusts.org/en/research-andanalysis/issue-briefs/2018/11/when-do-americans-plan-to-retire.
54. Peter Gosselin, “If You’re Over 50, Chances Are the Decision to Leave a Job Won’t Be Yours,” ProPublica, last modified January 4, 2019, https://www.propublica.org/article/older-workers-united-statespushed-out-of-work-forced-retirement.
55. “Average Retirement Age in the United States,” DQYDJ.com, last modified May 31, 2019, https://dqydj.com/average-retirement-age-in-the-united-states/.
56. “Report on the Economic Well-Being of U.S. Households in 2017,” Board of Governors of the Federal Reserve System, last modified June 19, 2018, https://www.federalreserve.gov/publications/2018-economicwell-being-of-us-households-in-2017-retirement.htm.
57. Anne Kates Smith, “Retirees, Go Ahead and Spend a Little (More),” Kiplinger’s Personal Finance, October 3, 2018, https://www.kiplinger.com/article/spending/T031-C023-S002-how-frugal-retirementsavers-can-spend-wisely.html.
58. Government Accountability Office, “Older Workers: Phased Retirement Programs, Although

Uncommon, Provide Flexibility for Workers and Employers," report to the Special Committee on Aging, U.S. Senate, June 2017, https://www.gao.gov/products/GAO-17-536.
59. Stephen Miller, "Phased Retirement Gets a Second Look," Society for Human Resource Management, July 28, 2017, https://www.shrm.org/resourcesandtools/hr-topics/benefits/pages/phasedretirement-challenges.aspx.
60. 如果您不知道《危險邊緣》（Jeopardy）是一部電視益智節目，也不知道《黃金女郎》（The Golden Girls）是一部情景喜劇，那很可能你在美國生活的時間不長。

第九章

61. The Big Interview: 5 Minutes with . . . Jeff Cohen," Chambers Associate, n.d., https://www.chambers-associate.com/the-big-interview/jeff-cohen-chunk-from-the-goonies-lawyer.
62. Kathleen D. Vohs, Jennifer L. Aaker, and Rhia atapano, "It's Not Going to Be That Fun: Negative Experiences Can dd Meaning to Life," Current Opinion in Psychology 26 (2019): 11–14, oi:10.1016/j.copsyc.2018.04.014.

別把你的錢留到死

懂得花錢，是最好的投資
——理想人生的 9 大財務思維

Die with Zero: Getting All You Can from Your Money and Your Life

作者　比爾．柏金斯（Bill Perkins）
譯者　吳琪仁
執行編輯　顏妤安
行銷企劃　劉妍伶
封面設計　周家瑤
版面構成　賴姵伶
發行人　王榮文
出版發行　遠流出版事業股份有限公司
地址　臺北市中山北路一段 11 號 13 樓
客服電話　02-2571-0297
傳真　02-2571-0197
郵撥　0189456-1
著作權顧問　蕭雄淋律師
2023 年 8 月 31 日　初版一刷
2023 年 11 月 5 日　初版五刷
定價新台幣 399

ISBN　978-626-361-194-8
遠流博識網 http://www.ylib.com
E-mail: ylib@ylib.com
（如有缺頁或破損，請寄回更換）

國家圖書館出版品預行編目 (CIP) 資料
別把你的錢留到死 / 比爾 . 柏金斯 (Bill Perkins) 著 . -- 初版 . -- 臺北市 : 遠流出版事業股份有限公司 , 2023.08
面；　公分
譯自 : Die with zero
ISBN 978-626-361-194-8(平裝)
1.CST: 個人理財 2.CST: 財務管理
563　　　112011221